# Ostseeküste & Inseln

W0247623

**Die Autoren**

**Rasso Knoller**

arbeitet als Journalist und Sachbuchautor. Vor seinem Umzug nach Berlin hat er in Stralsund gewohnt – seine Leidenschaft für die Ostseeküste ist ihm aus dieser Zeit erhalten geblieben.

**Christian Nowak**

lebt als Journalist, Fotograf und Buchautor in Berlin. Gen Norden zieht es ihn schon immer – mit Begeisterung natürlich auch ans Meer und die Seen von Mecklenburg-Vorpommern.

# REISEPLANUNG

# LAND & LEUTE

In Frühjahr und Herbst rasten Tausende von Kranichen an den Boddengewässern

## TOP-TOUREN AN DER OSTSEEKÜSTE

Die Küste der Mecklenburger Bucht zwischen Travemünde und Rostock wird gesäumt von beliebten Seebädern und landeinwärts von den sanften Hügeln des Klützer Winkels und der Kühlung. Im Schutz der kleinen Insel Poel sorgt die Hansestadt Wismar mit Backsteingotik und -renaissance für kulturelle Abwechselung.

Während in Rostock und Warnemünde das Leben in der Großstadt und am nahen Strand tobt, verheißen andernorts verträumte Dünen- und Boddenlandschaften, schnurgerade Pappelalleen, kleine Fischerdörfer und windumtoste Leuchttürme, Kranichzüge und Bernsteinfunde vielfältige Möglichkeiten für Naturfreunde, Radfahrer und Wanderer.

## Rügen und Hiddensee _____ 86

Deutschlands größte Insel, Rügen, ist mit Badeorten wie Binz und den steilen Kreidefelsen mondän und spektakular im Vergleich zur kleinen Nachbarinsel Hiddensee, die ohne Autos und mit langen Stränden pure Entspannung in der Natur verspricht.

## Stralsund und Greifswald _____ 99

Die beiden Hansestädte blicken stolz auf ihre Vergangenheit – Kirchen, Bürgerhäuser und Handelskontore sind aufwendig restauriert –, wecken aber gegenwärtig mit interessanten Museen, gemütlichen Restaurants und Kneipen den Forscherdrang von Stadt-Bummelanten.

Nach den Ostseefischern und Möwen kommen die Badegäste

## Usedom und Stettiner Haff ——————————— 116

Die belebten Ostseebäder von Usedom locken die Sonnenhungrigen an
lange feine Sandstrände, das stille Haff bietet Naturliebhabern hingegen verschwiegene Buchten, viel Rad- und Wassersportmöglichkeiten.

Rügens steile Kreideküste
erscheint in jedem Licht
spektakulär

# REISE-PLANUNG

# Die Reiseregion im Überblick

Die Küste Mecklenburg-Vorpommerns ist bestens auf Urlaubsgäste einge-stellt und hat sich nach der Wende schnell einen Spitzenplatz bei der Wahl für die schönsten Wochen des Jahres erobert. Endlose Strände, traditions-reiche Seebäder mit Flaniermeilen und historischen Seebrücken, eine ruhi-ge Boddenküste, norddeutsche Backsteingotik und mittelalterliche Gassen in alten Hansestädten sowie zahlreiche Museen lassen keine Langeweile aufkommen. Aber auch Naturliebhaber und Aktivurlauber kommen bei Wanderungen und Fahrradtouren in Naturschutzgebieten und National-parks auf ihre Kosten.

Im Westen erstreckt sich zwischen Travemündung und Wismarbucht der Klützer Winkel. Im Hinterland ist dies ein stilles Fleckchen mit kleinen Dör-fern und ausgedehnten Feldern, das touristische Zentrum bildet das Ostsee-bad Boltenhagen. In Wismar, immerhin UNESCO-Weltkulturerbe, fühlt man sich in die Zeit der Hanse zurückversetzt.

Urbanes Flair bietet die Hafenstadt Rostock, reges Strandleben herrscht dagegen in Warnemünde. Eine abgeschlossene Ferienregion für sich stellt die Halbinsel Fischland-Darß-Zingst dar, auf der neben viel Strand und Na-tur die liebevoll gestalteten Kapitäns- und Schifferkaten das Auge erfreuen.

Hanseatische Pracht und Meeresmuseen machen das UNESCO-Weltkul-turerbe Stralsund zu einer der anziehendsten Städte an der Ostsee.

Auf Rügen, Deutschlands größter Insel, können von Seebädern wie Binz und Göhren attraktive Ausflugsziele angesteuert werden, allen voran die spektakulären Kreidefelsen und die Leuchttürme am Kap Arkona. Pures Idyll erwartet den Gast auf der auto-freien Nachbarinsel Hiddensee.

Usedom beansprucht für sich, in Deutschland die meisten Sonnen-stunden im Jahr bieten zu können. Praktischerweise wird die Außen-küste der Insel an der Grenze zu Polen von einem 40 km langen fei-nen Sandstrand gesäumt. Vor allem die Kaiserbäder Ahlbeck, Herings-dorf und Bansin knüpfen mit ihrer rundum sanierten Bäderarchitektur an den Glanz der Belle Époque an. Wer es ruhiger mag, quartiert sich in einem der kleinen Orte an der Boddenküste ein.

Leuchttürme am Kap Arkona

# Extra-Touren

## Von Wismar zum Königsstuhl

**Tour-Übersicht:**
**Wismar › Bad Doberan › Rostock › Ribnitz-Damgarten › Stralsund › Königsstuhl**

**Distanzen:**
**1. Tag:** Wismar › Bad Doberan 44 km; **2. Tag:** Bad Doberan › Rostock 15 km; **3. Tag:** Rostock › Ribnitz-Damgarten 31 km; **4. Tag:** Ribnitz-Damgarten › Stralsund 46 km; **5. Tag:** Stralsund › Königsstuhl 60 km

**Verkehrsmittel:**
Für die 196 km lange Tour kann man das eigene Fahrzeug nehmen; umweltfreundlich und bequem ist man aber mit der Bahn unterwegs. Von Wismar verkehrt im Stundentakt ein Regionalexpress nach Rostock (Fahrzeit 70 Min.); Rostock und Stralsund sind mit Regionalexpress und Intercity ungefähr stündlich verbunden (Fahrzeit 55–70 Min.). Zwischen Stralsund und Sassnitz verkehrt ebenfalls stündlich ein Regionalexpress (Fahrzeit 55 Min.). Vom Hauptbahnhof Sassnitz gibt es eine direkte Busverbindung zum Nationalparkzentrum Königsstuhl. Durch die guten Verbindungen sind auch Bahnreisende sehr flexibel.

**1. Tag:** Dic Tour beginnt in ✱✱✱**Wismar** › S. 49, der nach Lübeck einst bedeutendsten Hansestadt im Ostseeraum. Die von noblen Bürgerhäusern und stolzen Bauten norddeutscher Backsteingotik geprägte Altstadt gehört zum UNESCO-Weltkulturerbe. Einen Tag sollte man für den gemütlichen Stadtbummel mit Besuchen in der Marien-, Georgen - und Heiligen-Geist-Kirche einplanen.

**2. Tag:** Zunächst geht es heute bis ✱✱**Bad Doberan** › S. 60, das mit einem imposanten Münster aufwartet. Nach Besichtigung der dreischiffigen Backsteinbasilika des 13./14. Jhs., fahren Sie weiter nach ✱✱**Rostock** › S. 67, die durch die Hanse zu Wohlstand gekommene, bedeutende Hafenstadt. Im alten Stadthafen mit seinen historischen Speicherhäusern, Museumsschiffen, Theater, Geschäften und Restaurants lassen Sie den Tag ausklingen.

**3. Tag:** Am Vormittag bleibt noch Zeit, um Rostocks Altstadt zwischen Universität und Rathaus zu erkunden. Anschließend fahren Sie nach **Ribnitz-Damgarten** › S. 77, das vor allem wegen des Deutschen Bernsteinmuseums im alten Kloster einen Aufenthalt wert ist.

Binz von seiner schönsten Seite

**4. Tag:** Gleich morgens starten Sie Richtung ***Stralsund › S. 102. In der zum UNESCO-Weltkulturerbe zählenden Hansestadt mit dem wunderbaren gotischen Rathaus lohnt neben einem ausführlichen Rundgang ein Besuch des auch architektonisch interessanten Ozeaneums.

**5. Tag:** Am letzten Tag geht es hinüber nach Rügen. **Sassnitz** › S. 95 ist wegen des Fährhafens das Tor zum Norden. Von hier verkehren Ausflugsboote zum Königsstuhl. Man kann aber auch entlang der Küste zu den Kreidefelsen wandern oder bequem per Bus zum Nationalparkzentrum fahren.

# Tour 2 Von Ahlbeck nach Göhren

**Touren-Übersicht:**
Ahlbeck › Wolgast › Greifswald › Stralsund › Göhren

**Distanzen:**
**1. Tag:** Ahlbeck › Wolgast 36 km; **2. Tag:** Wolgast › Greifswald 30 km; **3. Tag:** Greifswald › Stralsund 36 km; **4. Tag:** Stralsund › Göhren 54 km

**Verkehrsmittel:**
Die 156 km lange Tour eignet sich auch für Nutzer öffentlicher Verkehrsmittel. Von Ahlbeck gelangt man im Halbstundentakt mit der Usedomer Bäderbahn nach Wolgast (Fahrzeit 85 Min.), wobei der Zug in jedem Ort an der Küste hält. Von Wolgast nach Greifswald fahren im Zweistundentakt Züge nach Stralsund, mit Umsteigen ist man sogar stündlich unterwegs (Fahrzeit 55–75 Min.). Göhren erreicht man von Stralsund entweder mit dem Bus oder mit Bus und Bahn (Fahrzeit mindestens 80 Min.).

**1. Tag:** Die Tour startet mit den drei Usedomer Kaiserbädern **\*Ahlbeck** › **S. 130, Heringsdorf** › **S. 127** und **Bansin** › **S. 127**, die wegen der Seebrücken, der Promenaden und der perfekt wiederhergestellten Bäderarchitektur zu den größten Sehenswürdigkeiten an der Ostseeküste zählen. Aber auch weniger bekannte und deshalb nicht ganz so überlaufene Badeorte wie Koserow und Zinnowitz besitzen ihren Reiz. Der Tag endet in **\*Wolgast** › **S. 120**, das mit seinen Kornspeichern und dem Museumshafen am Peenestrom weitaus mehr als nur ein Durchgangsort zur Ferieninsel Usedom ist.

**2. Tag:** Von Wolgast ist **\*\*Greifswald** › **S. 110** schnell erreicht. Die Universitätsstadt punktet mit traumhafter Backsteingotik, wie dem Dom.

**3. Tag:** Nach einem ausgiebigen Frühstück geht es nach **\*\*\*Stralsund** › **S. 102**, der Stadt am Strelasund, die man am besten bei einem Spaziergang kennenlernt. Rote Backsteine prägen die stattlichen Kirchen, Klöster, Bürgerhäuser und Handelskontore.

**4. Tag:** Die letzte Etappe der Tour führt von Stralsund über den Rügendamm auf die größte deutsche Insel ins Ostseebad **Göhren** › **S. 94**, den Hauptort der Halbinsel Mönchgut. Von hier schnauft die Schmalspurbahn Rasender Roland in knapp 1½ Std. über Baabe, Sellin und Binz bis nach Putbus und umgekehrt – gelassene Urlaubsstimmung inklusive.

Schmucke Giebel am Alten Markt in Stralsund

# Tour 3 Küstenradweg: Von Priwall nach Ahlbeck

### Touren-Übersicht:
**Priwall › Warnemünde › Prerow › Stralsund › Greifswald › Ahlbeck**

### Distanzen:
**1. Tag:** Priwall › Wismar 53 km; **2. Tag:** Wismar › Warnemünde 67 km;
**3. Tag:** Warnemünde › Prerow 55 km; **4. Tag:** Prerow › Stralsund 73 km;
**6. Tag:** Stralsund › Greifswald 35 km; **7. Tag:** Greifswald › Ahlbeck 73 km

### Verkehrsmittel:
Der Weg ist gut beschildert, ausgebaut und verläuft meistens auf wenig befahrenen Landstraßen. Nur zwischen Stralsund und Greifswald ist der Straßenbelag schlecht, aber man kann hier wie vielerorts problemlos ein Stück mit dem Zug fahren. Das bietet sich auch bei miesem Wetter oder Konditionsschwäche an.

**1. Tag:** An der Trave beginnt das ca. 350 km lange Teilstück des Ostsee-Küstenradwegs durch Mecklenburg-Vorpommern. Der Weg verläuft vorbei an Steilufern und Sandstränden, durch Fischerdörfer und Seebäder. Erstes Etappenziel ist die attraktive Weltkulturerbestadt **\*\*\*Wismar** › S. 49.

**2. Tag:** Heute geht es weiter am Meer entlang zum Seebad **\*Warnemünde** › S. 73. Nach einem Sprung in die Ostsee, kann man sich in einem der urigen Fischrestaurants nahe des Alten Stroms für den nächsten Tag stärken.

**3. Tag:** Sie fahren zunächst durch die von Mooren und Wäldern geprägte Rostocker Heide, später ab Dierhagen über die **\*Halbinsel Fischland-Darß-Zingst** › S. 79 bis Prerow.

**4.–5. Tag:** Die vierte Etappe führt über Zingst und **Barth** › S. 78 nach **\*\*\*Stralsund** › S. 102. Um die Hansestadt kennenzulernen, gönnen Sie sich einen Ruhetag.

**6. Tag:** Heutiges Ziel ist die quirlige Studentenstadt **\*Greifswald** › S. 110.

**7. Tag:** Zum krönenden Abschluss radeln Sie an der Usedomer Küste bis zum Kaiserbad **\*Ahlbeck** › S. 130.

Verschnaufpause am Küstenradweg

# Klima & Reisezeit

Das Klima an der Küste ist maritim, also von hoher Luftfeuchtigkeit und gleichmäßigen Temperaturen bestimmt. Ostrügen und Usedom unterliegen mehr kontinentalen Einflüssen, was sich für Sonnenanbeter angenehm bemerkbar macht. Usedom gilt mit durchschnittlich 1900 Sonnenstunden im Jahr als die sonnigste Region Deutschlands. Das beste Wetter mit den geringsten Niederschlägen hatte man in den letzten Jahren im Mai. Die Jahresniederschlagsmenge entlang der Küste ist mit 550–650 mm gering. Die durchschnittlichen Temperaturen liegen im Januar um 0 °C, im Juli um 17 °C, Tageshöchsttemperaturen von über 25 °C sind aber durchaus keine Seltenheit. Man sollte aber auch im Sommer Pullover und Gummistiefel mitnehmen. Das Wasser der Ostsee schafft es im Sommer im Durchschnitt auf 18 °C, in den Bodden können es sogar 22 °C werden. Die hohe Luftfeuchtigkeit, der ständige Wind sowie der hohe Salzgehalt der Luft führen im Sommer zu einem angenehm milden Reizklima, kühle, stürmische Herbsttage verstärken diesen Effekt.

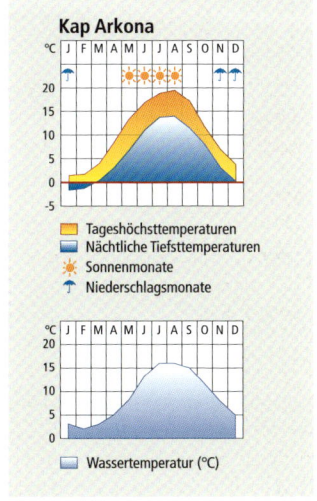

Seebäder, Kurorte und Strandkorbvermieter machen ihr Hauptgeschäft von Juni bis Mitte September. In dieser Zeit sind die Unterkünfte am teuersten und häufig ausgebucht. Um dem Hauptstrom der Touristen zumindest hin und wieder zu entgehen, empfiehlt sich eine Stippvisite im Hinterland. Frühling und Herbst sind an der Küste häufig stürmisch, dadurch immer ein ganz besonderes Erlebnis, ebenso der Winter, wenn Eisschollen auf dem Meer treiben. Liegt der 3. Oktober arbeitnehmerfreundlich und scheint außerdem die Sonne, herrscht in den Seebädern noch mal einige Tage Hochbetrieb. Obwohl die Angebote für den Winter immer besser werden, wird es dann sehr ruhig, viele Betriebe schließen sogar einige Wochen. Nur über Weihnachten und Neujahr gibt es wieder eine kurze Hochsaison.

Wer zu Großveranstaltungen anreist, sollte frühzeitig disponieren. Zur Rostocker Hanse Sail sind Unterkünfte meist restlos ausgebucht. Für das Rügener Störtebeker-Festival können, besonders an den Wochenendterminen, Tickets knapp werden.

# Anreise

## Auto

Aus dem Süden reist man über die A 19 und die A 11 an, aus dem Westen über die Küstenautobahn A 20, die inzwischen lückenlos an die A 1 anschließt. Seit der Fertigstellung des Abschnitts Dreieck Uckermark-Neubrandenburg ist die A 20 auch direkt an den Berliner Ring angebunden. Im Sommer bilden sich samstags wegen des Bettenwechsels in Ferienhäusern und -wohnungen sowie wegen der Tagesausflügler aus Berlin vor Rügen und Usedom regelmäßig Staus.

## Bahn

Von Köln, Hamburg, Berlin und Basel kann man bis nach Rügen durchfahren. Die Züge verkehren über Schwerin, Rostock, Ribnitz-Damgarten und Stralsund. Reisende aus Süddeutschland sowie aus Österreich und der Schweiz müssen in Berlin umsteigen. Fischland-Darß-Zingst hat keinen Bahnanschluss. Ab Berlin und vielen Bahnhöfen Brandenburgs bietet sich für die Anreise das günstige Ostseeticket an (www.bahn.de).

## Bus

Auch mit Fernreisebussen erreicht man viele Reiseziele an der Ostseeküste und im Hinterland wie z. B. Ahlbeck, Ahrenshoop, Anklam, Baabe, Bansin, Bergen, Binz, Heringsdorf, Kühlungsborn, Prerow, Rerik, Rostock, Sellin, Warnemünde und Zingst (www.berlinlinienbus.de).

## Flugzeug

Germanwings (www.germanwings.com) fliegt regelmäßig von Köln/Bonn, Stuttgart, und Friedrichshafen, Zürich und Salzburg nach Rostock-Laage. Air Berlin (www.airberlin.com) fliegt während der Sommersaison Heringsdorf auf Usedom von verschiedenen deutschen Städten (Düsseldorf, Frankfurt, Stuttgart) aus an.

# Reisen in der Region

Die meisten Feriengäste reisen mit dem eigenen Wagen an. Hauptverkehrsader ist die Ostseeautobahn (A 20), daneben garantieren die Bundesstraßen ein schnelles Fortkommen. Auf den schmalen Landstraßen auf Rügen, Usedom und auf dem Darß sowie auf den Zufahrten zu den Inseln Rügen und Usedom muss in der Hauptsaison allerdings mit längeren Staus gerechnet werden.

## Bus

Das Busnetz in den größeren Städten ist gut ausgebaut, auch nahe gelegene Ausflugsziele sind per Linienbus erreichbar. Zudem führen von allen größeren Städten Buslinien übers Land. Informationen zu allen Busverbindungen bekommt man bei den Touristenbüros. Einige Städte haben Tages- und Mehrtagesfahrkarten mit Bonuskarten kombiniert (Schwerin-Ticket, Rostock-Card), die freie Eintritte und Ermäßigungen bei Sehenswürdigkeiten sowie Rabatte in Restaurants und auf Sport- und Freizeitaktivitäten gewähren. Ostseebus (www.ostseebus.de) unterhält von den drei Kaiserbädern auf Usedom eine grenzüberschreitende Verbindung ins polnische Swinemünde. Gut kommt man mit öffentlichen Bussen auch auf Rügen und der Halbinsel Fischland-Darß-Zingst vorwärts. Im Binnenland dagegen ist das Busnetz weniger gut ausgebaut.

## Bahn

Ein dichtes Streckennetz macht das Reisen per Bahn relativ problemlos. Die Deutsche Bahn bietet außerdem die regional gültigen Ostsee- und Mecklenburg-Vorpommern-Tickets an, mit denen vor allem Gruppen günstig reisen. Regionalexpress und Intercity fahren zum Beispiel von Rostock nach Binz, aber auch von Pasewalk nach Stralsund (www.bahn.de). Die Züge von InterConnex verbinden Berlin, Schwerin, Rostock und Warnemünde, andere Nahverkehrsbahnen fahren zwischen Neustrelitz und Stralsund sowie zwischen Pasewalk und Ueckermünde. Auf Usedom verknüpft die Usedomer Bäderbahn alle wichtigen Seebäder miteinander (www.ubb-online.com). Auf Rügen kann mit dem Schmalspur-Dampfzug »Rasender Roland« von Putbus über Binz nach Göhren fahren (www.ruegensche-baederbahn.de). Und die Schmalspurbahn »Molli« dampft von Bad Doberan an die Ostseeküste nach Kühlungsborn (www.molli-bahn.de).

## Schiff

Von vielen Küstenorten sind Schiffsausflüge zu den Ostseeinseln möglich: Poel erreicht man von Wismar aus (www.fahrgastschifffahrt-wismar-mecklenburger-bucht.de). Nach Rügen gelangt man z. B. von Zingst, Stralsund oder Stahlbrode aus. Entlang der berühmten Kreidefelsen fahren ebenfalls regelmäßig Ausflugsschiffe – z. B. von Binz, Sassnitz und Göhren (www.ruegen-schifffahrt.de). Die Insel Hiddensee ist mit dem Schiff von Schaprode, Stralsund, Wiek und Zingst zu erreichen (www.reederei-hiddensee.de). Und Usedom wird von Ueckermünde aus angesteuert (www.reedereipeters.de).

## Mietwagen

Verleihfirmen gibt es in Wismar, Rostock und Stralsund sowie in größeren Seebädern wie Binz oder Heringsdorf.

# Sport & Aktivitäten

Entlang der Ostseeküste spielen natürlich wassersportliche Aktivitäten eine große Rolle. Darüberhinaus eignet sich die Region aber auch hervorragend zum Radfahren, Wandern, Reiten und Golfen.

### Wassersport

Beliebte Segelreviere sind die Boddengewässer, das Stettiner Haff und die Mecklenburger Bucht vor Warnemünde.

Wind- und Kitesurfer haben die Qual der Wahl: Hervorragende Reviere gibt es entlang der Ostseeküste auf Rügen (Suhrendorf, Thiessow) und in der Mecklenburger Bucht vor allem vor Fischland. Anfänger bevorzugen die ruhigeren Boddengewässer.

Allerorts existiert eine gute Infrastruktur für Wassersportler. Surf- und Segelschulen bieten Kurse für Anfänger und Fortgeschrittene und verleihen Ausrüstungen. Viele neue Sportboothäfen mit guten Serviceeinrichtungen, Bootsverleiher und organisierte Bootsausflüge und Segeltörns runden das Angebot ab. Die Könner unter den Seekajakfahrern wagen sich allein auf die Ostsee, Anfänger vertrauen sich am besten einem erfahrenen Veranstalter an (www.seekajakreisen.de).

Infos zum Thema Wassersport unter www.segeln-in-vorpommern.de und www.mv-maritim.de.

### Radfahren

Sowohl für Tagesausflüge als auch für einen ganzen Urlaub an der Ostseeküste ist das Fahrrad das ideale Transportmittel. Rund 350 km ver-

Schöne Aussichten für Wanderer auf Usedom

läuft der Ostseeküstenradweg durch Mecklenburg-Vorpommern, wobei man das Meer fast immer im Blick hat. Ebenfalls mehrtägige Radtouren, überwiegend auf ruhigen Nebenstrecken, sind der Fischland-Darß-Zingst-Rundweg (205 km, 4 Etappen) und der Rügen-Rundweg (275 km, 5 Etappen) sowie der Usedom-Rundweg (156 km, 3 Etappen) und der Stettiner-Haff-Rundweg (310 km, 7 Etappen). Infos unter www.auf-nach-mv.de.

Im Klützer Winkel und um Stavenhagen führen Radwanderwege zu thematisch zusammengefassten Zielen. Fahrräder können auf Fähren und in Regionalzügen problemlos mitgenommen werden.

**ADFC Landesverband Mecklenburg-Vorpommern**
- Hermannstr. 36 | 18055 Rostock
- Tel. 03 81/37 70 69 76
- www.adfc-mv.de

### Wandern

Überall kann man herrliche lange Küstenwanderungen unternehmen. Ähnlich wie der Ostseeküstenradweg führt auch der Küstenwanderweg E 9 entlang der gesamten Küste Mecklenburg-Vorpommerns. Ein gut ausgebautes Wegenetz hält die Insel Rügen bereit, im Nationalpark Jasmund kommen Wanderer hautnah mit der spektakulären Kreideküste in Kontakt. Reizvolle Wanderreviere finden sich zudem auf der Halbinsel Fischland-Darß-Zingst. Beste Wanderzeit sind die Vor- und Nachsaison, schönster Monat ist der Mai zur Zeit der Rapsblüte, doch

## Die tollsten Spaß- und Erlebnisbäder

- **Jasmar-Therme**
Direkt am Nationalpark Jasmund, mit großem Kinderbereich, Saunalandschaft und Aromamassage.
18551 Neddesitz
Tel. 03 83 02/977 00
www.jasmar.de

- **Inselparadies**
Ein Paradies für Familien mit Kindern.
Badstr. 1 | 18586 Sellin
Tel. 03 83 03/12 30
www.inselparadies.de

- **Ostseetherme Usedom**
Sechs Becken unter der Glaskuppel, das Wasser mit Jodsole angereichert.
Lindenstr. 60 | 17419 Ahlbeck
Tel. 03 83 78/27 30
www.ostseetherme-usedom.de

- **Bernsteintherme**
Großzügig und farbenfroh – Thermalbad mit Meerwasserbecken und Strandsauna.
Dünenstraße | 17454 Zinnowitz
Tel. 03 83 77/355 00
www.bernsteintherme.de

- **HanseDom Stralsund**
Abwechslungsreicher Wasserpark, Gesundheitszentrum Vitarium.
Grünhufer Bogen 18–20
18437 Stralsund
Tel. 038 31/373 30
www.hansedom.de

- **Freizeitbad Greifswald**
Grandiose Bade- und Gesundheitslandschaft.
Pappelallee 3–5
17489 Greifswald
Tel. 038 34/53 27 11
www.freizeitbad-greifswald.de

auch der Herbst hat seinen Reiz, wenn sich das Blätterdach der Laubwälder färbt. Vorschläge für kurze Schnuppertouren findet man unter dem Stichwort Wandern auf www.auf-nach-mv.de.

### Golf

In Mecklenburg-Vorpommern stehen mehr als ein Dutzend Golfanlagen zur Wahl, angefangen von einfach bespielbaren 9-Loch-Parcours für Einsteiger bis hin zu 18-Loch-Meisterschaftsplätzen. Einer der jüngsten und zugleich reizvollsten Plätze ist das Ostsee Golf Resort Wittenbeck zwischen Kühlungsborn und Heiligendamm (www.golf-resort-wittenbeck.de). Eine detaillierte Übersicht über die Golfplätze in ganz Mecklenburg-Vorpommern findet man unter www.golfen-mv.de/golfplaetze-mecklenburg-vorpommern.

### Reitsport

In Deutschlands Nordosten hat die Pferdezucht Tradition, entsprechend groß ist auch das Angebot an Reiterhöfen. Mehr als 20 davon liegen unmittelbar an der Ostseeküste. Adressen und Infos bietet der Tourismusverband und der Verband Landurlaub Mecklenburg-Vorpommern unter www.reiten-in-mv.de und www.landurlaub.m-vp.de/).

### Baden und Kuren

Mecklenburg-Vorpommern verfügt über zahlreiche staatlich anerkannte Heil-, Seeheil- und Seebäder sowie Luftkurorte und Erholungsorte. Das Angebot der Kurmittelhäuser, Reha-Einrichtungen und Kurkliniken reicht über Thalassotherapien und Kreidekuren bis hin zu Medical Wellness. Vielerorts verwöhnen außerdem komfortable Wellnesshotels ihre Gäste mit großzügigen Spa- und Saunalandschaften.

**Bäderverband Mecklenburg-Vorpommern**
- Rostocker Str. 3 | 18181 Graal-Müritz
- Tel. 03 82 06/788 50
- www.baederverband.m-vp.de

### Angeln

Um die Angel auswerfen zu können benötigt man einen Fischereischein. Wer keinen besitzt, bekommt bei fast allen Touristenbüros und Kurverwaltungen für 20 € einen 28 Tage gültigen Touristen-Fischereischein. Dann benötigt man nur noch eine für das jeweilige Gewässer gültige Angelkarte und es kann losgehen (www.angeln-in-mv.de).

Wellnessoase auf Fischland

# Mit Kindern unterwegs

Was gibt es für Kinder Schöneres, als in den Ferien nach Herzenslust mit Schippe und Eimer Sandburgen zu bauen? Die Ostseeküste bietet paradiesische Verhältnisse, denn vielerorts fallen die Sandstrände flach ab. Mancherorts erstreckt sich der Flachwasserbereich 100 m ins Meer und wird durch die Sonne schnell aufgewärmt. An solchen Strandabschnitten liegen familienfreundliche Seebäder, wie Juliusruh auf Rügen, Karlshagen und Trassenheide auf Usedom. Aber auch an kühleren Tagen muss sich niemand langweilen: Tierparks, Aquarien, Spaßbäder › **S. 17** oder der nächste Reiterhof sorgen für Abwechslung.

## Tierisch gut

Viechereien, egal welcher Art und Größe, kommen bei Kindern immer gut an. Und davon gibt es an der Ostsee eine ganze Menge. Ein Highlight ist der **Rostocker Zoo**: Mit 250 Arten aus aller Welt und rund 1700 Tieren ist er der größte Tierpark an der deutschen Ostseeküste. Zu den Attraktionen gehört die Großkatzenanlage mit Schneeleoparden und Jaguaren. Auch die täglichen Fütterungen von Pinguinen, Fischottern und Elefanten sind beliebt bei Groß und Klein. Das **Darwineum** lockt mit einer Reise durch die Evolution auf den Spuren von Charles Darwin, Tieren in naturnahen Ökosystemen, Wissenschaft zum Anfassen und Mitmachen (Rennbahnallee 21, 18059 Rostock, Tel. 03 81/208 20, www.zoo-rostock.de, April–Okt. tgl. 9–19, sonst 9–18 Uhr).

Auch Seehunde sorgen immer für Begeisterung. Im Rostocker **Marine Science Center** › **S. 74** kommt

Fische (fast) zum Anfassen

man den Tieren ganz nah und kann beim täglichen Training zuschauen.

## Kindermeer

Spektakuläre Einblicke in die Unterwasserwelt bietet in Stralsund das **Ozeaneum** › S. 107, das für seine kleinen Gäste ein »Meer für Kinder« eingerichtet hat. Es gibt ein Forschungsdeck, einen Unterwassertunnel und eine Seegraswiese, die zum Versteckspiel einlädt.

## Kletterwald Usedom

Wie Tarzan von Baum zu Baum schwingen, über schwankende Bohlen balancieren, sich über eine Netzbrücke hangeln und an Seilen Hindernisse überwinden – im **Usedomer Kletterpark** gibt es fünf verschiedene, nach Alter und Schwierigkeitsgrad unterteilte Parcours (für Kinder ab sechs Jahre). Ein Betreuer passt auf, dass die Kinder mit Klettergurten, Karabinerhaken und Seilen gut gesichert sind (B 111 nahe Ückeritz, mit der Usedomer Bäderbahn bis Neu Pudagla, Tel. 03 83 75/226 77, www.kletterwald-

usedom.de, Mitte Juni–Ende Aug. tgl. 9.30–19, sonst Di–So 10–18 Uhr).

## Dinosaurier hautnah

Auf dem 1 km langen Rundweg im **Dinosaurierland Rügen** gibt es rund 120 lebensgroße Sauriermodelle zu sehen. Ganz nebenbei bekommt man die Entwicklung von den ersten Lebewesen im Wasser bis zu den Riesenechsen erklärt. Am Ende erwarten die Kleinen dann Tiermodelle von Säbelzahntiger und Mammut, die nach dem Aussterben der Dinosaurier die Erde eroberten. Eine der neuesten Attraktionen ist das Steinzeitdorf, in dem der Alltag damals gezeigt wird. Wer selbst aktiv werden möchte, kann nach echten Fossilien aus der Kreidezeit suchen, die teils 65 Mio. Jahre alt sind (Am Spycker See 2a, 18551 Glowe, Tel. 03 83 02/71 98 74, www.dinosaurierland-ruegen.de, Juni–Aug. tgl. 10–18, April, Mai, Sept., Okt. 10–17, März, Nov. Sa–Do 10–15 Uhr).

## Unter Volldampf

Dampfloks sind immer eine Attraktion – für Eisenbahnfreunde und Kinder. An der Küste bieten sich gleich zwei Möglichkeiten: »Molli« schnauft gemächlich im Stundentakt von Kühlungsborn nach Bad Doberan, dort geht es im Schritttempo mitten durch den Ort › S. 61. Nicht eilig hat es auch der **»Rasende Roland«** von Putbus nach Göhren; so bleibt genug Zeit, um sich die historische Dampflok und die Insel Rügen anzuschauen › S. 94.

# Unterkunft

Die traditionsreichen Bäder an der Ostsee und auf den Ostseeinseln verfügen über eine große Auswahl an Unterkünften. Bei Familien besonders beliebt und im Sommer oft ausgebucht sind Ferienhäuser und -wohnungen.

### Hotels

Die Bandbreite der Möglichkeiten reicht von Luxus- und Schlosshotels über Familienpensionen bis zum restaurierten FDGB-Betriebsferienheim im 1950er-Jahre-Look.

### Privatquartiere

An der Küste ist auch die Auswahl an Privatquartieren groß. Vom aufwendig ausgebauten Ferienhaus am Strand bis zum einfachen Zimmer im Hinterland kann man alles finden. Gastgeberverzeichnisse halten die örtlichen Tourismusbüros bereit (www.m-vp.de/unterkunft).

Über Urlaub auf Bauern- und Reiterhöfen informiert Landurlaub Mecklenburg-Vorpommern (www.landurlaub.m-vp.de).

### Jugendherbergen

Besonders preiswert sind die Jugendherbergen (Tel. 03 81/77 66 70, www.jugendherbergen-mv.de).

### Camping

In Mecklenburg-Vorpommern gibt es etwa 170 Campingplätze – von kleinen, familiären Plätzen bis zu großen Anlagen mit umfassenden Freizeitangeboten. Viele Plätze liegen direkt an der Küste. Verband für Camping- und Wohnmobiltourismus (Tel. 03 81/403 48 55, www.camping-caravan-mv.de).

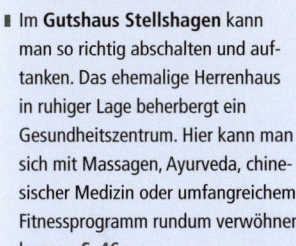

### Die charmantesten Land- und Strandhotels

- Im **Gutshaus Stellshagen** kann man so richtig abschalten und auftanken. Das ehemalige Herrenhaus in ruhiger Lage beherbergt ein Gesundheitszentrum. Hier kann man sich mit Massagen, Ayurveda, chinesischer Medizin oder umfangreichem Fitnessprogramm rundum verwöhnen lassen › S. 46.
- Das **Grand Hotel Heiligendamm** mit eigenem Golfplatz und Gestüt gilt als die Nummer Eins an der deutschen Ostseeküste › S. 59.
- Die **Strandhotels Dünenmeer** und **Fischland** bieten inmitten der traumhaften Dünenlandschaft am Anfang der Halbinsel Fischland-Darß-Zingst die ideale Kombination für ruhesuchende Wellnessgäste und sportlich-aktive Familien mit Kindern › S. 79.
- Die tolle Lage auf dem Hochufer von Sellin und ein gutes Preis-Leistungs-Verhältnis zeichnen das **Seeschloss Sellin** auf Rügen aus › S. 94.
- Das **Schloss Spyker** auf der Rügener Halbinsel Jasmund glänzt mit der reizvollen Alleinlage › S. 96.
- Viel Bäderarchitektur, Wellness und Strand vereint das direkt an der Seebrücke gelegene **Romantik Seehotel Ahlbecker Hof** auf Usedom › S. 130.

Giganten der Ostsee:
Steinmännchen am Strand von
Bansin auf Usedom

# LAND & LEUTE

# STECKBRIEF

- **Landeshauptstadt:** Schwerin
- **Fläche:** 23 181 km², davon 1100 km²
  Wasser (1764 Seen); die Küste ein-
  schließlich der Inseln ist 1470 km
  lang, davon sind 340 km Ostsee- und
  1130 km Boddenküste.
- **Inseln:** Rügen (926,4 km²), Usedom
  (445 km²), Poel (37 km²), Hiddensee
  (18,6 km²).

- **Seen:** Die Müritz ist mit 117 km² nach
  dem Bodensee der größte See
  Deutschlands, außerdem: Schweriner
  See (64 km²), Plauer See (39 km²).
- **Flüsse:** Elde (184 km), Peene
  (156 km), Warnow (128 km).
- **Erhebungen:** Helpter Berge (179 m),
  Ruhner Berge (178 m), Brohmer Berge
  (153 m).
- **Einwohner:** 1,6 Mio., Bevölkerungs-
  dichte: 69 Einw./km²; Mecklenburg-
  Vorpommern ist das am dünnsten be-
  siedelte deutsche Bundesland.

## Lage und Landschaft

Mecklenburg-Vorpommern liegt an
der Ostsee, genau gesagt zwischen
Lübecker und Pommerscher Bucht.
Das nordöstliche Bundesland wird
im Westen von Schleswig-Holstein,
im Südwesten von Niedersachsen
und im Süden von Brandenburg begrenzt. Einige Kilometer westlich
der Oder und mitten durch das Stettiner Haff verläuft die Grenze zu
Polen.

Das Landesinnere präsentiert
sich vielgestaltiger als man allgemein denkt – hier gibt es nicht nur
Wasser und nicht ausschließlich fla-
ches Land. Die letzte Eiszeit hat seine heutige Gestalt abwechslungs-
reich geformt. Was die Geologen
mit Moränenzügen, Urstromtälern,

Sandern und Toteisseen bezeichnen, lässt sich zwischen Elbe und
Oder in seinem ganzen Formen-
reichtum bewundern: mal platt wie
eine Flunder in der Ueckermünder
Heide und in den Elbtalniederun-
gen, mal hügelig mit Erhebungen
bis zu 179 m Höhe in den Helpter
Bergen bei Woldegk, im Klützer
Winkel nahe der Wismarer Bucht
oder auch östlich von Güstrow in
der Mecklenburgischen Schweiz,
die ihren Namen nicht von ungefähr bekam. Typisch sind Misch-
und Kiefernwälder, weite Äcker und
natürlich immer wieder Seen. Die
Seen Mecklenburg-Vorpommerns
haben eine Gesamtgröße, die ein
Viertel der Seenfläche Deutschlands ausmacht.

## Bevölkerung

Von den knapp 1,6 Mio. Einwohnern Mecklenburg-Vorpommerns leben etwa 42 % auf dem Land. In den vier alten Hansestädten Rostock, Greifswald, Stralsund und Schwerin wohnt knapp ein Viertel der Bevölkerung. Durch Abwanderung und Geburtenrückgang zählt das Bundesland heute etwa 250 000 Menschen weniger als noch zu DDR-Zeiten. Über die Einheimischen heißt es, sie seien langsam, wortkarg, schwerblütig und dickköpfig, bisweilen widerborstig und kühl. Wer durch die Region reist, wird all dem hin und wieder zustimmen aber auch ebenso oft das Gegenteil davon vorfinden. Gewiss braucht man mit den Leuten nicht unbedingt »up Platt tau snacken«, um festzustellen, dass sich hinter der vermeintlich rauen Schale viel Gutmütigkeit versteckt.

## Wirtschaft

Bismarcks Bonmot, bevor der Weltuntergang komme, werde er in den Norden ziehen, denn dort passiere alles 100 Jahre später, wird immer noch gern kolportiert. Ein Grund dafür sind die traditionell agrarischen Strukturen des nordöstlichen Bundeslandes. Doch darin liegt auch das Problem, denn es gibt derzeit rund 10 % Arbeitslosigkeit; die Arbeitslosenquote liegt damit deutlich über dem Bundesdurchschnitt. Der größte Teil der Bevölkerung ist im Dienstleistungsgewerbe beschäftigt. Landwirtschaft und Fischerei tragen lediglich zu einem kleinen Teil zum Bruttosozialprodukt bei.

Neue Arbeitsplätze schufen kurzfristig verkehrstechnische Großprojekte wie die Ostseeautobahn und der Bau der neuen Rügenbrücke. Die Industrie ist auf das Meer ausgerichtet und konzentriert sich in den Küstenstädten. Tragende Säulen sind Schiffs- und Reparaturwerften sowie die Häfen. Warnemünde hat den größten deutschen Kreuzfahrthafen. Einen führenden Platz nimmt das Land bei der Stromgewinnung durch Windkraft ein. Der Tourismus hat in Mecklenburg-Vorpommern eine lange Tradition. Vor allem an der Ostseeküste aber auch an der Mecklenburgischen Seenplatte, ist er das wichtigste wirtschaftliche Standbein. Nach Bayern ist das Bundesland die beliebteste Ferienregion Deutschlands. Für die jährlich etwa 7 Mio. Besucher stehen mehr als 200 000 Betten zur Verfügung.

Rügenbrücke über den Strelasund

# Geschichte im Überblick

**8000 v. Chr.** Jäger hinterlassen erste Spuren in Form von Knochenharpunen und Werkzeugen aus Feuerstein.

**3500–1800 v. Chr.** Die Bevölkerung wird sesshaft, noch heute sind die beeindruckenden Großsteingräber aus dieser Zeit zu besichtigen.

**600 v. Chr.** Germanische Stämme besiedeln das Gebiet zwischen Elbe und Oder, verlassen es jedoch 300–500 n. Chr. im Zuge der Völkerwanderung wieder.

**Um 600** Slawische Wenden besiedeln den Landstrich.

**Um 950** Der deutsche Kaiser Otto I. versucht, die wendische Region seinem Reich anzugliedern. Der Stamm der Obotriten widersetzt sich erfolgreich.

**995** Das slawische »Mikilinborg« wird erstmals in einer Urkunde von Kaiser Otto III. erwähnt.

**1124–1128** Bischof Otto von Bamberg unternimmt Missionsreisen nach Pommern und Vorpommern.

**1147–1168** Der Sachsenherzog Heinrich der Löwe erobert im Auftrag von Kaiser Friedrich I. Barbarossa das Land; wendische Fürsten bekommen es, nachdem sie zum christlichen Glauben übergetreten waren, als Lehen. Gründung des Bistums Schwerin.

**1170** Der Obotritenfürst Pribislaw, der große Teile Mecklenburgs beherrscht, wird von Kaiser Friedrich I. als Reichsfürst anerkannt.

**1180–1227** Nach dem Sturz Heinrich des Löwens gewinnen die Dänen für knapp fünf Jahrzehnte an Einfluss. Bereits 1181 wird auch Pommern reichsunmittelbares Fürstentum.

**13. Jh.** Mit der Ostkolonisation kommen Siedler aus Niedersachsen, Westfalen und dem Rheinland. Zahlreiche Städte entstehen.

**1229–1295** In Mecklenburg und Pommern kommt es erstmals zu Landesteilungen. 1281 schließen sich Lübeck, Rostock, Wismar, Stralsund und Greifswald zur Wendischen Hanse zusammen, die zum mächtigsten mittelalterlichen Städtebund wird.

**1348** Die mecklenburgischen und pommerschen Fürsten erhalten von Kaiser Karl IV. die Herzogswürde, die sächsische Lehenshoheit endet.

**1370** Im Stralsunder Frieden wird der Krieg zwischen Dänemark und der Hanse beendet.

**1419–1456** Gründung der Universitäten in Rostock und Greifswald.

**1534** In Pommern wird die Reformation angenommen, in Mecklenburg setzt sie sich bis 1549 durch.

**1523** Die mecklenburgischen Landstände gründen sich. Ritterschaft, Städte und Stände bilden ein Gegengewicht zu den Fürstenhäusern.

**1618–1648** Im Dreißigjährigen Krieg zerfällt die Hanse. Im Westfälischen Frieden erhält Schweden Vorpommern, Stettin, Wismar und Rügen; Brandenburg kann seinen

Erbanspruch auf Hinterpommern geltend machen.

**17. Jh.** Leibeigenschaft und Erbuntertänigkeit werden gesetzlich verankert. Durch das berüchtigte Bauernlegen, die Einziehung bäuerlichen Besitzes, vervielfachen Gutsbesitzer ihr Land.

**1701** Der Hamburger Vergleich beendet die Erbstreitigkeiten der Mecklenburger Herzöge. Die Länder Mecklenburg-Strelitz und Mecklenburg-Schwerin entstehen.

**1806–1807** Die Franzosen besetzen Mecklenburg und Vorpommern.

**1810** Ende der Leibeigenschaft in Schwedisch-Vorpommern, 1820 in Mecklenburg. Die Kleinbauern bleiben noch 100 Jahre in Abhängigkeit von ostelbischen Junkern.

**1815** Mit dem Wiener Kongress fällt Vorpommern an Preußen.

**1848–1849** Mit der Revolution scheitert in Mecklenburg der Übergang zur konstitutionellen Monarchie; das Land bleibt bis 1918 ohne Verfassung.

**1867–1868** Mecklenburg tritt dem Norddeutschen Bund und dem Deutschen Zollverein bei.

**Ab 1871** Die Großherzogtümer Mecklenburg, Preußen und damit Vorpommern gehören dem neu gegründeten Deutschen Reich an.

**1909** Die Eisenbahnfähre Sassnitz – Trelleborg geht in Betrieb.

**1918** Die Novemberrevolution beseitigt die Ständeverfassung.

**1934** Mecklenburg-Schwerin und Mecklenburg-Strelitz werden zum Land Mecklenburg vereinigt.

Altes Stadtwappen von Stralsund

**1945** Das Land Mecklenburg- Vorpommern wird gebildet, 1952 die DDR-Bezirke Schwerin, Rostock und Neubrandenburg.

**1990** Durch die Wiedervereinigung entsteht das Bundesland Mecklenburg-Vorpommern.

**2002** Die UNESCO erklärt die Altstädte von Stralsund und Wismar zum Weltkulturerbe. Beide Städte sind mit mittelalterlichen Grundrissen und Baudenkmälern beispielhaft für Hansestädte im 14. Jh.

**2007** In Heiligendamm findet, begleitet von Demonstrationen, der G-8-Gipfel statt. Fertigstellung der Strelasund-Brücke vom Festland nach Rügen.

**2008** In Stralsund wird mit dem Ozeaneum ein spektakulärer neuer Museumsbau eingeweiht.

**2011** Auf Rügen eröffnet im »Koloss von Prora« die mit 400 Betten größte Jugendherberge Mecklenburg-Vorpommerns.

**2013** Das neu errichtete Kunstmuseum in Ahrenshoop widmet sich der Geschichte der Künstlerkolonie bis zur Gegenwartskunst.

# Natur & Umwelt

Mecklenburg-Vorpommern besitzt noch reichlich unberührte Natur. Wer hier reist, sieht oft weit und breit keine Menschenseele, was bei 69 Einwohnern pro Quadratkilometer nicht verwundert. Dafür existieren mehr oder minder ungestörte Reviere für Kormorane, Reiher, Schwarz- und Weißstörche sowie Nonnen- und Graugänse, Seeadler und Höckerschwäne. An der Küste lassen sich Sanddorn und Stranddistel, Meerkohl und andere botanische Raritäten entdecken.

Ironie der Geschichte: Im vormaligen Staatsjagdbereich und in den Grenzgebieten der DDR konnte sich die Natur ungestört entfalten, so blieben einzigartige Lebensräume für die Tier- und Pflanzenwelt erhalten. Um diese zu bewahren, wurden inzwischen etwa 260 Landschaftsschutzgebiete ausgewiesen. Seit 1990 stehen fast 13 % der Landesfläche Mecklenburg-Vorpommerns unter besonderem Schutz. Zwischen Elbtal und Usedom, Feldberg und Rügen gibt es drei Nationalparks, zwei Biosphärenreservate und acht Naturparks.

# Kunst & Kultur

## Architektur

Alle kunstgeschichtlichen Epochen haben auch im Norden unübersehbare Spuren hinterlassen: Auf die Romanik geht der Dom in Schwerin zurück, in der Renaissance entstand das eindrucksvolle Schloss in Güstrow, im Barock errichtete man so bedeutende Adelssitze wie Ludwigslust und Klütz. Klassizistische Ideale kamen in Putbus auf der Insel Rügen, in Heiligendamm und Bad Doberan zum Tragen.

Doch keine Architekturepoche hat das Land so geprägt wie die Gotik, kein Baumaterial hat ihr zu einer so typisch norddeutschen Handschrift verholfen wie der Backstein. Aus Mangel an Sandstein wurden die aus Lehm gebrannten roten Ziegel für das Doberaner Münster ebenso verwendet wie für die Patrizierhäuser in Rostock oder Wismar, das Rathaus in Stralsund oder den Greifswalder Dom. Da der Backstein die architektonischen Möglichkeiten der Baumeister ein wenig einschränkte, entwickelten sie eine eigenwillige Formensprache aus Blendgiebeln, gemauerten Bögen und geometrischen Mustern, die den Wechsel von glasierten und unglasierten Ziegeln einschließt. Bescheidener wurde auf dem Land gebaut: Bis ins 19. Jh. hat man hier an den niederdeutschen Hallenhäusern festgehalten, in denen alle unter einem Dach lebten: die Bauern, das Gesinde und das liebe Vieh.

# Tierische Eindrücke entlang der Ostseeküste

## Bibersafari auf der Peene

Die Peene ist der Lieblingsfluss der Biber. Das war nicht immer so, denn hier in Vorpommern hatte der Mensch Europas größtes Nagetier schon ausgerottet. Erst 1976 wurden Biber aus Sachsen an der Peene neu angesiedelt. Inzwischen säumen mehr als 100 Biberburgen die Ufer der Peene, durchschnittlich lebt also an jedem Flusskilometer eine Biberfamilie.

Von Anklam aus kann man mit dem Kanu selbst auf Entdeckungstour gehen oder man schließt sich geführten Paddeltouren an.

**Kanustation Anklam**
▮ Werftstraße 6 | 17389 Anklam
▮ Tel. 039 71/42839
▮ www.kanustation-anklam.de

## Kraniche über der Ostsee

Auf dem Weg in ihre südeuropäischen und nordafrikanischen Winterquartiere rasten jedes Jahr zwischen Mitte September und Mitte Oktober 70 000 Kraniche an den Küsten von Rügen und Fischland-Darß-Zingst. Ihnen folgen Tausende von Hobbyornithologen. Erster Anlaufpunkt für die Vogelfans ist das Kranich-Informationszentrum in Groß Mohrdorf 14 km nordwestlich von Stralsund. Hier erhält man umfassende Informationen über die Tiere und aktuelle Aufenthaltsorte. Tagsüber suchen sie auf Feldern nach Nahrung, zur Nacht fliegen sie in die flachen Boddengewässer.

Die Insel Bock und der Große Kirr sind besonders beliebt bei den Kranichen. Am besten lassen sich die imposanten Vögel, die abends laut trötend an ihren Schlafplätzen landen, von den Beobachtungstürmen in Bisdorf und bei Pramort im Osten der Halbinsel Zingst beobachten (**Info:** www.kraniche.de, www.fischland-darss-zingst.de).

## Seeadler über Usedom

Mit etwas Glück sieht man auf Usedom einen der seltenen Seeadler im Gleitflug. Mit etwas mehr als einem Dutzend Brutpaare, leben hier die meisten Seeadler Deutschlands. Das Oderhaff, der Peenestrom und das Achterwasser gehören zu ihren wichtigsten deutschen Brutgebieten. In strengen Wintern, wenn die Seen zugefroren sind, finden die Raubvögel hier noch offene Wasserflächen. Die besten Chancen einen der faszinierenden Vögel zu sehen, hat man im Norden der Insel nahe Peenemünde. Dort sind sie häufig

Seeadler auf Fischfang

auf der Suche nach Beute unterwegs. (**Info:** www.usedom.de/insel-usedom/natur/seeadler).

## Ansitzen und Auflauern

Mecklenburg-Vorpommern ist relativ dünn besiedelt. Hier leben nur knapp 70 Menschen pro Quadratkilometer. Deswegen haben hier viele Tierarten, die in Deutschland vom Aussterben bedroht sind, ihr Rückzugsgebiet. Umso spannender ist Mecklenburg-Vorpommern für Naturfreunde, die Tiere gerne in der freien Wildbahn beobachten. Egal, ob Hirsch, Reh, Wildschwein oder Storch, Kranich und andere seltene Vögel, am besten lauert man ihnen getarnt vom Ansitz aus auf. Ein Verzeichnis offen zugänglicher Ansitze findet man im Internet (**Info:** www.traumziel-mv.de/tierbeobachtung_mecklenburg_vorpommern.html).

## Der Wisent kehrt zurück

Europas größtes Landsäugetier, der fast ausgestorbene Wisent, wurde in Pommern bereits 1373 ausgerottet. Über 600 Jahre später kehrte er zurück. 1980 wilderte man die ersten Tiere auf der polnischen Insel Wollin östlich von Usedom aus. Heute durchstreift eine Herde frei lebender Wisente den dortigen Nationalpark. Aus diesem stammten auch die ersten Tiere des Wisentparks Usedom. Inzwischen kann man jedoch eigene Zuchterfolge vermelden und die Besucher können die Wisente in einem Großgehege bei Prätenow in (fast) freier Natur beobachten (**Info:** www.wisentgehege-usedom.de).

## Malerei und Plastik

Die einfach strukturierten, spröden Landschaften des Nordens zogen seit jeher viele Maler und andere Künstler in ihren Bann: Auf Hiddensee malte Elisabeth Büchsel (1867–1957) und hielt das Leben der Fischer fest; auf Usedom porträtierte der aus Kiel stammende Maler Otto Niemeyer-Holstein (1896–1984) die Landschaften seiner Seele; und Ahrenshoop avancierte um 1900 gar zu einem mecklenburgischen Worpswede. Der Brücke-Mitbegründer Erich Heckel (1883–1970) und viele andere Künstler

C. D. Friedrich »Kreidefelsen auf Rügen«

suchten und fanden an der Küste Inspiration, während Ernst Barlach in Güstrow seine Hauptwerke schuf. An einem Namen kommt man auf keinen Fall vorbei: Einige Regionen Vorpommerns brachten es durch die Bilder des in Greifswald geborenen Malers Caspar David Friedrich (1774–1840) zu Weltruf. Sein Gemälde »Kreidefelsen auf Rügen« wurde zum Wahrzeichen einer ganzen Region.

## Literatur

»Manntje, Manntje, Timpe Te, / Buttje, Buttje in de See, / myne Fru de Ilsebill / will nich so as ik wol will«. Viele kennen diese Zeilen, die ein Fischer immer wieder übers Wasser schickt, aus ihrer Kindheit. Die Märchen »Von dem Fischer un syner Fru« und »Von dem Machandelboom« sind Vorpommerns Beitrag zu den Grimmschen Märchen. Aus der Liste niederdeutscher Schriftsteller ragen drei Persönlichkeiten hervor: An erster Stelle zu nennen ist Fritz Reuter (1810–1874), der in seinem Inland-Platt mit Romanen und Versdichtungen wie »Ut mine Festungstid« oder »Kein Hüsung« den norddeutschen Verhältnissen auf den Grund ging. John Brinckman (1814–1870) sprach und schrieb Küsten-Platt und siedelte seine Figuren vor allem am Hafenrand an, nachzulesen in dem Roman »Kasper Ohm un ick«.

Zum »Welthit« avancierte das Lied »Wo die Ostseewellen trecken an den Strand« der Dichterin Martha Müller-Grählert (1876–1939) aus Zingst. Zwar nicht in Niederdeutsch geschrieben, aber doch eng mit dem Landstrich verbunden sind die Romane von Uwe Johnson (1934–1984), der dem Klützer Winkel zu literarischen Ehren verhalf. Walter Kempowski (1929–2007) schilderte in Büchern wie »Tadellöser & Wolf«, »Uns geht's ja noch gold« die wechselvolle Geschichte seiner Rostocker Familie und rückte das Kleinbürgertum ins literarische Rampenlicht.

## Musik

Zwischen Greifswald und Schwerin wird viel Musik gemacht, und das nicht erst, seit der Pianist und Dirigent Justus Frantz 1990 die Musikfestspiele Mecklenburg-Vorpommern aus der Taufe gehoben hat. Dieses Event lockt alljährlich Tausende von Besuchern zu den schönsten Spielstätten des Landes: zum Schlosshof von Ludwigslust, in den Schlosspark von Klütz, in die großen Gotteshäuser von Schwerin bis Güstrow oder auch zu Freiluftkonzerten an die Strände auf Rügen.

Anziehungspunkte für Orgelfreunde sind die Konzerte auf der Stellwagen-Orgel in der Stralsunder Marienkirche und der Nikolaikirche sowie auf der Ladegast-Orgel im Schweriner Dom.

# Feste & Veranstaltungen

Die Ostseeküste bietet mehr als nur Strand und Meer. Im Laufe des Jahres finden in den Städten und Badeorten eine ganze Reihe hochklassiger Events statt. Egal, ob Hochkultur mit Konzerten, Theater und Lesungen, Sport mit Beachvolleyball, Segeln, Schwimmen und Strandreiten oder Traditionsfeste wie das Schwedenfest in Wismar, die Wallensteintage in Stralsund oder die Störtebeker-Festspiele in Ralswiek, die Veranstaltungsliste ist lang.

Besonders im Sommer wird fast ohne Unterlass gefeiert: Fischerfeste, Hafentage und Segelwochen gehören zum maritimen Feste-Einmaleins.

## Festkalender

**Februar:** Beim **Usedomer Winterbadespektakel** wagen am Strand von Ahlbeck rund 150 Eisbader den Gang ins kühle Nass.

**Mai:** In Heringsdorf stellen auf der Usedom Baltic Fashion internationale Modemacher ihre neuesten Kreationen vor (www.usedom-baltic-fashion.de). Bereits seit 1390 wird in Warnemünde der **Pfingstmarkt** abgehalten, der sich von einer Handelsmesse zum bunten Jahrmarkt wandelte.

**Juni–August:** Auf dem Fischland und auf dem Darß finden an fast jedem Wochenende in einem anderen Ort die traditionellen Reitwettbewerbe im **Tonnenabschlagen** statt.

**Juni–September:** Die Freilichtbühne in Ralswiek (Rügen) steht ganz im Zeichen der **Störtebeker-Festspiele** (http://stoertebeker.de). Etwa 90 Spielstätten nutzen die **Festspiele Mecklenburg-Vorpommern** für ihre Aufführungen. Mit namhaften Orchestern, Dirigenten und Solisten avancierte die Musikreihe zu einem der bedeutendsten deutschen Klassikfestivals (www.festspiele-mv.de).

**Juli:** In der Klosterruine Eldena treffen sich Anfang Juli Jazzfreunde zu den **Jazz-Evenings** (www.facebook.com/EldenaerJazzEvenings). Rund 1000 Schwimmer messen beim **Sundschwimmen** auf der 2,4-km-Distanz

Eindrücke vom Seeräuberleben bei den Störtebeker-Festspielen auf Rügen

von Altefähr auf Rügen nach Stralsund ihre Kräfte (www.sundschwimmen.de). Der erfolgreichen Verteidigung Stralsunds im Dreißigjährigen Krieg wird mit den **Wallenstein-Tagen** gedacht – mit einem Bootskorso, Landsknechtlager und Kanonenschüssen (www.wallensteintage.de).

**August:** An den **Pferderenntagen** in Bad Doberan preschen Vollblüter im Galopp über die älteste Rennbahn des Kontinents. Anfang August lockt die **Hanse Sail** in Rostock hunderttausend Zuschauer und mehr an (www.hansesail.com). Ende August erinnert Wismar mit dem **Schwedenfest** an die rund 150-jährige Zugehörigkeit zum schwedischen Königreich (www.schwedenfest-wismar.de).

**September/Oktober:** Zum Saisonausklang macht das **Usedomer Musikfestival** mit einer Klassikreihe auf sich aufmerksam (www.usedomer-musikfestival.de).

**Oktober:** Entsprechend dem Brauch des Anbadens pflegt man seit 2013 in Binz das **Abbaden** bei Fackelschein. Dabei stürzen sich Mitte Oktober die ganz mutigen Schwimmer in die bereits ordentlich abgekühlte Ostsee. Zum gleichen Termin findet auch das traditionelle **Strandpferdrennen** statt (www.ostseebad-binz.de).

**Dezember:** Immer am 3. Advent-Wochenende findet auf Rügen der **Binzer Weihnachtsmarkt** unter dem Motto »Engel, Licht & Meer« im erleuchteten Kurpark und im Haus des Gastes statt.

Einen **ausführlichen Veranstaltungskalender,** geordnet nach den Urlaubsregionen Mecklenburg-Vorpommerns, finden Sie auf: www.auf-nach-mv.de/events.

# Essen & Trinken

Die Köche Mecklenburg-Vorpommerns sind gut auf Gäste eingerichtet, die im Urlaub nicht nur Meeresluft schnuppern, sondern auch gediegen essen und trinken wollen. Man besinnt sich auf bodenständige regionale Rezepte und ihre modernen Varianten. Es gibt feine gehobene Restaurants neben urigen Lokalen, die frische, leichte Küche und deftige Hausmannskost auftischen.

Im Mittelpunkt steht natürlich die Fischküche. Die Fischbestände der Ostsee reichen immer noch aus, um Einheimische wie Gäste mit traditionellen Heringsgerichten, aber auch mit Flunder und Butt, Scholle und Aal etc. zu versorgen – sei es vom Grill, sei es aus der Pfanne. Die Palette der Fischspezialitäten auf den Speisekarten reicht von der Seezunge bis zum Hecht, gebeizt und pochiert, gefüllt, gebraten oder gekocht, geräuchert oder in Gelee. Sehr populär ist inzwischen der Zander, der wegen seines festen weißen Fleischs geschätzt wird.

Eine Delikatesse ist der Hornhecht – mit weißem Fleisch und grünen Gräten – der im Mai geangelt wird.

Bei einem gastronomischen Streifzug kann man feinste Unterschiede auf engstem Raum herausschmecken. Auf Rügen etwa wird die Aalsuppe anders zubereitet als auf Hiddensee; in Vorpommern isst man deftiger als in Mecklenburg, an der Küste variantenreicher als im Inland.

Wild und Geflügel sind im Hinterland weit verbreitet, das Angebot reicht von Hirschbraten mit fri-

---

**Erst-klassig**

### Die besten Restaurants

■ Das traditionsreiche **Romantik Hotel Namenlos** in Ahrenshoop serviert neben Klassikern wie Zanderfilet gehobene mecklenburgische Küche › S. 82.

■ Viel nostalgisches Flair erwartet den Gast in der **Strandhalle** in Binz. Motto von Chefkoch Toni Münsterteicher: »Feinbürgerliche Küche, großbürgerliche Portionen zu kleinbürgerlichen Preisen«. Erstes Restaurant, das mit dem Gütesiegel »So schmeckt Mecklenburg-Vorpommern« ausgezeichnet wurde › S. 92.

■ In **Kliesows Reuse** in Alt Reddevitz auf Rügen sitzt man in einer urigen Scheune und genießt deftige Hausmannskost › S. 95.

■ Im **Le Croy** in Greifswald wird feine Gourmetküche im klassizistischen Rahmen des Pommerschen Landesmuseums aufgetischt › S. 114.

■ Das **Rossini** ist in einer eleganten Jugendstilvilla in Heringsdorf untergebracht. Chefkoch Patrick Noack überzeugt mit Kreationen aus Fisch, Wild und Lamm und einer guten Weinauswahl › S. 129.

■ Das **Wehrmanns Alt Heringsdorf** bietet nicht nur ausgezeichnete Küche, mit einem Schwerpunkt auf Fischgerichten, sondern auch einen zuvorkommenden Service › S. 129.

Fangfrisch zubereitet und appetitlich angerichtet: Gegrillter Hering mit Bratkratoffeln

schen Pflaumen, Preiselbeeren und Sahne bis zu Ente, nach pommerscher Art gefüllt mit Äpfeln und Sauerkraut. Zu trinken gibt es viel Bier und als Abschluss Korn oder Köm, der Aquavit aus Norddeutschland.

# Shopping

Als Einkaufsparadies kann man Mecklenburg-Vorpommern zwar nicht bezeichnen, doch laden die Hansestädte Rostock, Wismar und Stralsund mit Einkaufsstraßen und Shoppingzentren durchaus zum Bummeln ein. Und in so manchem Ostseebad, etwa in Binz, haben sich Edelboutiquen auf betuchte Gäste eingestellt.

Auch an originellem **Kunsthandwerk** mangelt es nicht, hier machen sich nicht selten abgelegene kleine Ateliers und Läden einen Namen. Kaum ein Geschäft, das nicht auch Bernsteinschmuck herstellt, die Rohware kommt allerdings nicht selten aus Polen.

An kulinarischen Mitbringseln werden an der Küste überall **Sanddornprodukte** angeboten – als Honig, Konfitüre oder Saft. Wer auch zu Hause nicht auf den leckeren Ostseefisch verzichten möchte, kann sich in etlichen Räuchereien mit einem Vorrat in Folie eingeschweißter Ware eindecken.

Eine gute Adresse für ökologische Lebensmittel ist der Hofladen im Rügener Hofgut Bisdamitz bei Lohme, das seinen viel gelobten **Störtebeker-Käse** auch online verkauft (Dorfstraße 1, Tel. 03 83 02/92 07, www.hofgut-bisdamitz.de).

# Altes Handwerk und neue Kunst

In Mecklenburg-Vorpommern ist eine Art Gegenbewegung zur weit verbreiteten Allerweltsandenken- und Kitschindustrie entstanden: Hier eine Filzerei, dort eine Töpferei oder Korbflechterei, andernorts eine Weberei, die sich auf die Fertigung traditioneller Teppiche verlegt hat. Viele dieser Handwerksbetriebe sind Ein-, Zwei- oder Drei-Personen-Manufakturen, die fernab der Großstädte und kulturellen Zentren des Bundeslands wunderschöne Unikate herstellen. Man kann den Spezialisten bei ihrer Arbeit über die Schulter schauen, bekommt Erklärungen zu Druck- oder Webtechniken, zum Ausformen des Tons oder zur Filztechnik aus Schafwolle.

## Textiles

▮ **Handweberei Anne-Maria Cejp**
Auf Flachwebstühlen webt Anna-Maria Cejp Stoffe, u.a. für die Rekonstruktion mittelalterlicher Gewänder. Für Besucher steht ein Webstuhl zum Weben unter Anleitung bereit. Es gibt außerdem Web- und Spinnkurse. Birkenstraße 13 | 18374 Zingst Tel. 03 82 32/157 34 www.handweberei-cejp.de Öffnungszeiten der Werkstatt: Mai– Okt. Mo–Fr 15–18 Uhr, Nov.–April nur nach telefonischer Anmeldung.

## Schmuck und Glas

▮ **Schaumanufaktur Ostsee-Schmuck**
Hier steht der Bernstein, der traditionelle Schmuckstein des Nordens, im Vordergrund. In der Schaumanufaktur

kann man bei der Schmuckproduktion zusehen und Souvenirs erstehen.
An der Mühle 30
18311 Ribnitz-Damgarten
Tel. 038 21/885 80
www.ostseeschmuck.de

■ **Atelier für Bernsteinkunst**
Hier sieht man einem Bernsteinkünstler bei der Arbeit über die Schulter.
Seebrücke 14a | 18375 Prerow
Tel. 03 82 33/708 32

■ **Glashagen Hütte**
Die Studioglashütte liegt 4 km von Bad Doberan entfernt. In Mecklenburg wurde bereits im 13. Jh. Glas hergestellt, die letzte Glashütte schloss 1901. Nach mehr als 100 Jahren hat ein Künstlerehepaar diese Tradition wieder aufleben lassen und stellt Gläser, Krüge und Schalen her, die in ihrer Klarheit an skandinavische und norddeutsche Glasbläserkunst erinnern.
18209 Glashagen
Tel. 03 82 03/130 88
www.glas-hagen-huette.de
Öffnungszeiten der Glashütte: Mai–Sept. tgl. 10–18 Uhr, April, Okt–Dez. So geschl., sonst nach Vereinbarung.

■ **Juwelier Kross**
Die Goldschmiedin Jutta Kross fertigt Schmuck mit Heimatbezug, z. B. Ringe mit der Silhouette von Wismar.
Dankwartstraße 20 | 23966 Wismar
Tel. 038 41/25 90 61
www.kross-wismar.de

■ **Steinmüller**
Schmuck und Wohnaccessoires aus Steinen von der Ostseeküste. Ein günstiges, aber typisches Mitbringsel sind Ketten aus Hühnergott-Steinen.
Zum Hafen 6 | 18551 Lohme/Rügen
Tel. 03 83 02/901 09
www.ruegensteine.de

■ **Goldschmied Schulz**
Thomas Schulz stellt Nachbildungen des Hiddenseer Goldschmucks her.
Mühlenstraße 8 | 18437 Stralsund
Tel. 038 31/28 07 81
www.goldschmiede-schulz.de

# Töpferwaren und Keramik

Töpfer gibt es in vielen Städten und vor allem Dörfern Mecklenburg-Vorpommerns. Ihre Arbeiten sind beliebte Mitbringsel. Am günstigsten kauft man direkt oder auf Wochenmärkten.

■ **Töpferei Susi Erler**
Hier gibt es handgetöpferte blaugraue Pommernkeramik.
Morgenitzer Berg 10
17429 Mellenthin
Tel. 03 83 79/229 33
www.pommersche-keramik.de
Mo–Sa 10–17, während der Saison auch sonntags 11–16 Uhr

■ **Tonwerk Keramik Korswandt**
Der Keramiker Daniel Graf fertigt in seinem Atelier Kunstwerke, Skulpturen, aber auch Teller, Vasen u.ä. an.
Bergstraße 11 | 17419 Korswandt
Tel. 03 83 78/49 95 98

■ **Usedom Keramik Bannemin**
Anette Schröders Lieblingstiere und -motive sind Katzen.
Zinnowitzer Straße 10
17449 Bannemin
Tel. 03 83 77/420 72
www.usedom-keramik.de

■ **Café TonArt**
Café und Keramikstudio in einem. Bei einem Stück Kuchen wählt man in Ruhe sein Souvenir aus.
Chausseestraße 58 | 18375 Born/Darß
Tel. 03 82 34/559 57
www.cafe-tonart.de

Traditionsreiche Seebäder wie
Kühlungsborn lassen Urlauber-
träume wahr werden

# TOP-TOUREN AN DER OSTSEEKÜSTE

# Wismar, Klützer Winkel und Kühlung

## Das Beste!

- **Beim Wandern an der Steilküste** bei Boltenhagen den Blick über die Ostsee schweifen lassen › S. 47
- **Über Wismars alten Marktplatz schlendern** und das Weltkulturerbe entdecken › S. 49
- **Vom Wasser aus die »Weiße Stadt«** Heiligendamm im Panorama genießen › S. 59
- **Die wunderbare Backsteingotik** des Bad Doberaner Münsters bestaunen › S. 60
- **Gemütlich mit »Molli«** über schmale Gleise zuckeln › S. 61

**An der Mecklenburger Bucht glänzen traditionsreiche Seebäder und die von Backsteingotik und -renaissance geprägte Hansestadt Wismar. Im Binnenland wellen sich sanft die Hügel des Klützer Winkels und der Kühlung.**

Natürlich steht der Badetourismus an der Ostseeküste im Vordergrund, Heiligendamm, Kühlungsborn oder auch Boltenhagen wissen mit historischer Bäderarchitektur, Seebrücken, Flaniermeilen und feinsandigen Stränden zu überzeugen. Die Seebäder an der Mecklenburger Bucht zwischen Travemünde und Rostock haben eine lange Tradition und ihren jeweils eigenen Charme. Heiligendamm ist Deutschlands ältestes Seebad und als »Weiße Stadt am Meer« bekannt. Kühlungsborn beansprucht für sich den Superlativ, das größte Ostseebad zu sein. Boltenhagen ist vielleicht weniger modän, doch viele Gäste schätzen gerade die familiäre Atmosphäre. Bei Famlien mit Kindern ist auch die kleine Insel Poel wegen ihrer flach abfallenden Strände sehr beliebt. Ruhig, naturnah und ohne Hektik kann man hier seinen Urlaub verbringen.

Kulturfreunde begeistern sich für die norddeutsche Backsteingotik. Ein Spaziergang in Wismar über den von prächtigen Giebelhäusern gerahmten Marktplatz macht klar, warum die Altstadt zum UNESCO Weltkulturerbe gehört. Auch das Gotische Viertel und der Alte Hafen beeindrucken mit außerordentlichen Bauwerken wie St.-Marien- und St.-Georgenkirche, Fürstenhof und Schabbellhaus.

Als bedeutendste Backsteinkirche des Bundelandes gilt das gotische Münster in Bad Doberan, einige Kilometer im Landesinnern. Zwischen Wismar und Bad Doberan ziehen sich die Höhen der Kühlung an der Küste entlang – mit teils grandiosen Blicken aufs Meer.

Auch westlich von Wismar erstreckt sich, hinter einer großteils noch unverbauten Ostseeküste, eine reizvolle Hügellandschaft: Noch immer ist der Klützer Winkel ein Geheimtipp. In das zeitlos erscheinende Idyll sind ruhige Dörfer und sehenswerte Schlösser eingestreut, von denen sich Schloss Bothmer als die größte und schönste barocke Schlossanlage in Mecklenburg-Vorpommern präsentiert.

Möwen über dem Strand bei Kühlungsborn
Bild links: Alter Hafen in Wismar

› Karte S. 42

# Touren in der Region

## Tour 4 Rundtour im Klützer Winkel

### Tour-Übersicht:

**Verlauf:** **Wismar › Grevesmühlen › Schönberg › Klütz › Boltenhagen › Wismar**

**Dauer:** 1 Tag; 85 km

**Praktische Hinweise:**

- Eine gute Adresse zur Rast am Mittag ist der **Landgasthof Klützer Mühle** (Tel. 03 88 25/221 02, www.kluetzer-muehle.de, Mai–Okt. Di–So ab 12 Uhr).

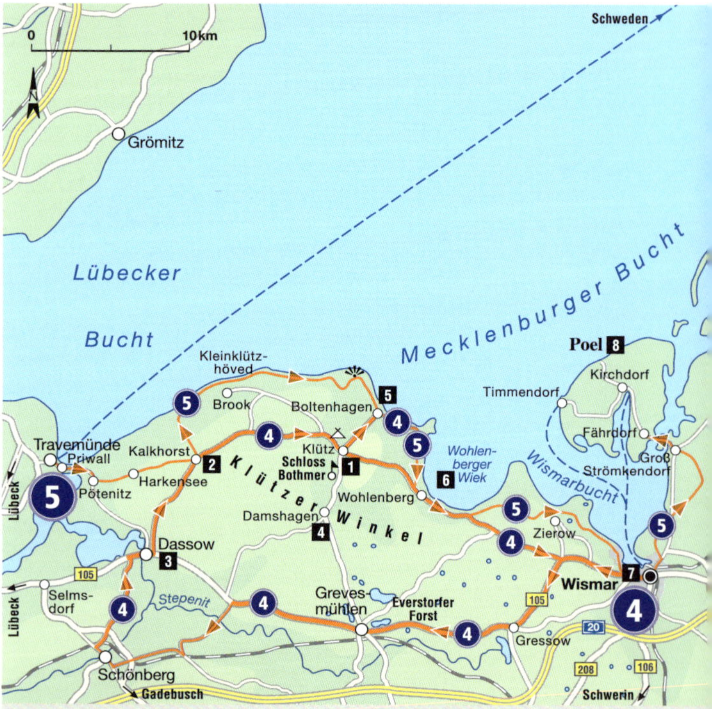


## Touren in der Region

**Tour 4** Rundtour im Klützer Winkel
Wismar › Grevesmühlen › Schönberg › Klütz › Boltenhagen › Wismar

## Tour-Start:

Von ***Wismar › S. 49 aus geht es zunächst nach Grevesmühlen, das mit einem hübsch herausgeputzten Rathaus und einer Holländerwindmühle einen Stopp lohnt. Immerhin gilt der Klützer Winkel als Mecklenburg-Vorpommerns Kornkammer. Auch Schönberg weiter westlich hat mit dem Bechelsdorfer Schulzenhaus und seiner gotischen Backsteinkirche schmucke Bauten zu bieten. Vom Hauptort **Klütz** › S. 44 kündet weithin sichtbar der 54 m hohe Turm der Marienkirche. Die Attraktion des Landstädtchens ist das **Barockschloss Bothmer** › S. 45. Einzigartig in Deutschland ist die Lindenallee zum Hauptportal. Am Ende der Rundfahrt lockt ein Abstecher ins Seebad **Boltenhagen** › S. 47, wo man je nach Jahreszeit in der Ostsee baden oder auf der Promenade spazieren gehen kann.

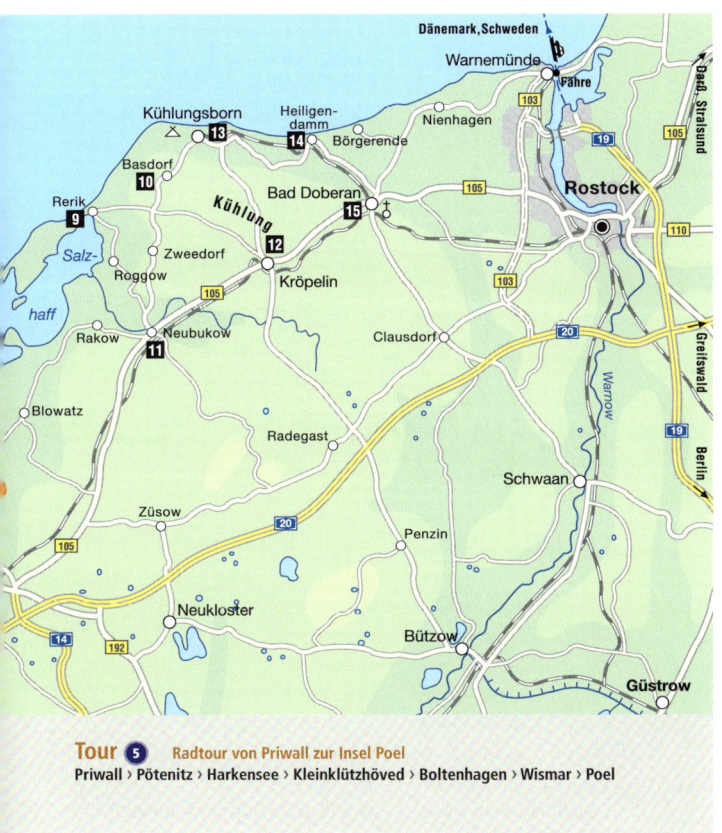

**Tour** ❺  Radtour von Priwall zur Insel Poel
**Priwall › Pötenitz › Harkensee › Kleinklützhöved › Boltenhagen › Wismar › Poel**

**Tour 5**

Radtour:

# Von Priwall zur Insel Poel

## Tour-Übersicht:

**Verlauf:** Priwall › Pötenitz › Harkensee › Kleinklützhöved › Boltenhagen › Wismar › Poel

**Dauer:** 2 Tage; 74 km

**Praktische Hinweise:**

- Vom Bahnhof Travemünde sind es nur wenige Hundert Meter bis zur Fähre nach Priwall.
- Überwiegend folgt man dem gut ausgeschilderten Ostseeradweg.

## Tour-Start:

Auf dieser Radtour kann man ganz viel frische Seeluft genießen. Von Priwall aus fährt man über Pötenitz zum **Gutshaus Harkensee** und dann Richtung **Schloss Groß Schwansee** › S. 46. Weiter geht es durch das Naturschutzgebiet Brooker Wald zum Aussichtspunkt Kleinklützhöved, bevor man das Seebad **Boltenhagen** › S. 47 erreicht. Alte Bäderarchitektur, Strandpromenade mit Seebrücke, Sandstrand und Steilküste sind die Markenzeichen des Ortes. Nachdem man Boltenhagen hinter sich gelassen hat, radelt man um die **Wohlenberger Wiek** › S. 48, fährt ein Stück durchs Landesinnere zum gut 30 m hohen Remelberg und erreicht kurz vor ✱✱✱**Wismar** › S. 49 wieder die Küste. Mit Markt, Gotischem Viertel und Altem Hafen gibt es hier viel zu sehen. Per Schiff setzt man nach **Poel** › S. 55 über. Poel ist eine beschauliche Insel und selbst während der Hochsaison kommt in der »Inselhauptstadt« **Kirchdorf** › S. 55 keine Hektik auf. Eine Kirche aus dem 13. Jh., ein kleines Heimatmuseum und ein malerischer Hafen laden zum Verweilen ein.

# Unterwegs in der Region

## Klütz **1**

Das ruhige Städtchen Klütz hat knapp 3100 Einwohner und liegt rund drei Kilometer von der Ostseeküste entfernt. Wahrzeichen ist die dreischiffige Backsteinkirche St. **Marien** aus dem 13. Jh. mit weithin sichtbarer Kirchturmspitze, die an eine Bischofsmütze erinnert. Sehenswert sind auch das Pfarrhaus von 1730 in der Predigerstraße sowie die mehr als 100 Jahre alte Galeriemühle, in der man vorzüglich speisen kann.

In einem ehemaligen Speicher in der Nähe des Marktplatzes befindet sich seit 2006 das **Literaturhaus Uwe Johnson**, das mit einer Dauerausstellung an den Schriftsteller erinnert. Das Literaturhaus veranstaltet vor allem anlässlich des Klützer LiteraturSommers regelmäßig Lesungen, Diskussionen und Ausstellungen, dient zudem als Kulturzentrum und Stadtbibliothek (Im Thurow 14,

Das Korn im Klützer Winkel gedeiht prächtig, in der alten Mühle werden Gäste verköstigt

Tel. 03 88 25/223 87, www.literatur haus-uwe-johnson.de, April–Okt. Di–So 10–17, sonst Do–So 10–16 Uhr). Auch wenn Johnson vermutlich nie in Klütz war, hat er dem kleinen Ort ein literarisches Denkmal gesetzt, denn beim Städtchen Jerichow seines Romans »Jahrestage« handelt es sich wohl um Klütz.

Im **Schmetterlingspark Klütz** kann man in einer Freiflughalle mit tropischen Pflanzen bis zu 100 verschiedene Arten in allen Lebensstadien vom Ei über die Raupe zur Puppe und schließlich als Schmetterling beobachten. Auch der größte Falter der Welt, der Atlasscidenspinner mit gut 30 cm Flügelspannweite ist hier zu bewundern (An der Festwiese 2, Tel. 03 88 25/26 39 87, www.schmetterlingsgarten.de, April–Okt. tgl. 9.30–17.30 Uhr).

Am südlichen Ortsrand befindet sich **Schloss Bothmer.** Ab 1726 ließ Reichsgraf Caspar von Bothmer, der große Teile des Klützer Winkels erwarb und dessen Ländereien insgesamt 7000 ha umfassten, die größte barocke Schlossanlage in Mecklenburg-Vorpommern errichten. Bothmer war als Diplomat an vielen Höfen Europas tätig, kein Wunder also, dass sein Traumschloss englischen und niederländischen Vorbildern ähnelt. Die roten Backsteinbauten und der Schlosspark liegen auf einer Insel und sind nach niederländischem Vorbild von einem Wassergraben umgeben. Einzigartig in Deutschland ist die ehemalige Hauptzufahrt, eine sogenannte **Festonallee**, die direkt auf das Hauptgebäude hinführt. Die 270 m lange Allee aus spalierartig gezogenen Lindenbäumen (*feston*, franz. Girlande) durchschneidet wie ein Hohlweg die Landschaft und schafft eine Sichtachse nach barocken Gestaltungsprinzipien. Die 13 Schlossgebäude werden zurzeit restauriert,

Erst-I klassig

sodass nur der Park zugänglich ist (www.schloss-bothmer.info, April–Sept. tgl. 10–20, März, Okt. bis 18 Nov.–Febr. bis 16 Uhr).

## Info

**Literaturhaus**
- Im Thurow 14
- Tel. 03 88 25/223 87

## Hotels

**Schlossgut Groß Schwansee** ●●●
Klassisch eingerichtete Zimmer im Schlossgebäude, modernes Mobiliar im Parkgebäude. Zimmer, Restaurant und Wellnessbereich – alles vom Feinsten.
- Am Park 1
- 23942 Groß Schwansee
- Tel. 03 88 27/884 80
- www.schwansee.de

**Gutshaus Stellshagen** ●●●
 **Erst-! klassig** Bio- und Gesundheitshotel mit weitgefächertem Angebot. Tao-Gesundheitszentrum, Lifestylecoaching, Massagen, Ayurveda, traditionelle chinesische Medizin, umfassendes Fitnessprogramm, Saunahaus mit Badeteich. Im Nachbardorf Damshagen Bistro und Bioladen.
- Lindenstr. 1 | 23948 Stellshagen
- Tel. 03 88 25/440
- www.gutshaus-stellshagen.de

## Restaurants

**Klützer Mühle** ●
Ausflugslokal in einer mehr als 100 Jahre alten Mühle, schöner Blick auf die Stadt und die umliegenden Felder. Handfeste Mecklenburger Küche.
- An der Mühle 35 | 23948 Klütz
- Tel. 03 88 25/221 02
- www.kluetzer-muehle.de
- Mai–Okt. Di–So ab 12 Uhr

**Landhaus Sophienhof** ●
Im denkmalgeschützten Fachwerkhaus werden hervorragende hausgemachte Torten und kleine Gerichte serviert. Hinter dem Haus liegt ein liebevoll angelegter Garten mit historischen Pflanzen. Im Haus gibt es fünf neu renovierte Zimmer (●●).
- Wismarsche Straße 34 | 23948 Klütz
- Tel. 03 88 25/26 70 80
- www.landhaus-sophienhof.de

# Ausflüge von Klütz

## Kalkhorst **2**

Auf einer Anhöhe südöstlich vom Dorf Kalkhorst liegt ein Mitte des 19. Jh. erbautes neugotisches Backsteinschloss. Das Innere ist nicht zu besichtigen, aber lohnend ist ein Spaziergang durch den **Schlosspark**, der als englischer Landschaftsgarten konzipiert wurde. Vor allem das Arboretum ist wegen seines exotischen Baumbestandes sehenswert (www.schloss-kalkhorst.de).

## Dassow **3**

Seit 2003 betreibt die Familie Farell in Dassow den **Erlebnis- und Tigerpark**. Zu sehen sind gut ein Dutzend Tiger, darunter einige seltene goldene Tiger, sowie eine weiße Löwin. Kinder mögen besonders den Mitmachzirkus (Gewerbestr. 35–53, 23942 Dassow, Tel. 03 88 26/881 80, www.tigerpark.de, April–Okt. tgl. 10–18 Uhr).

## Damshagen **4**

In er Alten Schmiede des Ortes befindet sich die **Papiermanufaktur und Mosaikwerkstatt** von Sarah

Traumhafte Steilküste an der Ostsee bei Boltenhagen

Stornowski und Gabriele Otto. Die beiden Kunsthandwerkerin zeigen wie Papier aus Algen und Seegras handgeschöpft und zu Visitenkarten, Glückwunschkarten und Kalendern verarbeitet wird oder wie Mosaike aus Keramik, Fliesen, Glas, Porzellan, Marmor, Gold oder Silber zusammengefügt werden (Klützer Str. 33b, 23948 Damshagen, www.alteschmiede-damshagen.de, Di 14.30–18 Uhr offene Mosaikwerkstatt zum Mitmachen, außerdem Workshops; Papiermanufaktur Mi–Fr 10–17, Sa, So 13–17 Uhr).

## Boltenhagen 5

Die Wurzeln des drittältesten Seebads (2400 Einw.) an der Ostsee reichen mehr als zwei Jahrhunderte zurück. Die Grafenfamilie Bothmer aus dem benachbarten Klütz soll es gewesen sein, die hier an der Küste um 1803 den ersten Badekarren ins Meer schob und so zum Wegbereiter des beliebten Seebads wurde. Der 4 km lange, flache Sandstrand lockte bald immer mehr Gäste an. Besonders reizvoll ist die nahe Steilküste mit fantastischem Meerblick.  Mehr Komfort brachte die Strandpromenade, die in der Folge um Kurhaus, Trinkhalle, Parks und Gästehäuser, weit später mit Warmwasserbad und 290 m langer Seebrücke ergänzt wurde. Von dort pendeln auch Schiffe zur Insel Poel. Das Kur- und Freizeitangebot kann sich sehen lassen: Beachvolleyball, Yoga am Strand, Nordic Walking, Minigolf, ein 18-Loch-Golfplatz, Kurkonzerte und Reha-Kliniken erwarten die Besucher.

Die Ortsteile Tarnewitz und Redewisch strahlen mit einigen reetgedeckten Häusern eher dörflichen Charme aus. Östlich vom Strand bietet Boltenhagen auf der einst militärisch genutzten Halbinsel Tarnewitz die 2008 eingeweihte Marina Weiße Wiek für Skipper, Wasser-

› Karte S. 42

wanderer und Fischerkähne. Zum Resort gehören auch zwei moderne Ferienanlagen.

Und wenn das Wetter mal nicht mitspielt, kann man in das auf 30 °C erwärmte Meerwasser der Ostsee-Therme springen. Auch wer sich eine kosmetische Behandlung gönnen oder mit einer Massage verwöhnen lassen möchte, ist hier an der richtigen Adresse (Ostseeallee 106, www.ostsee-therme-boltenhagen.de, tgl. 10–21 Uhr).

### Info

**Kurverwaltung**

- Ostseeallee 4 | 23946 Boltenhagen
- Tel. 03 88 25/36 00
- www.boltenhagen.de

### Hotels

**Residenz Seestern ●●**

Ansprechende Appartementanlage mit kindgerecht ausgestatteten Ferienwohnungen und nur 100 m vom Strand entfernt.

- Dünenweg 1a-d
- Tel. 02 28/91 90 00
- www.seesternboltenhagen.de

**Landgut Oberhof ●●**

Ferienwohnungen in einem renovierten Gutshaus aus dem 19. Jh., schön gelegen in einem alten Park.

- Am Gutshof 1 | 23948 Oberhof
- 2 km hinter der Küste
- Tel. 03 88 25/228 96
- www.landgut-oberhof.de

## Wohlenberger Wiek 6

Die halbkreisförmige Wiek – benannt nach dem kleinen Ort Wohlenberg – bildet den Südwestteil der Wismarbucht. In der Bucht erstreckt sich ein langer Sandstrand, der in eine Flachwasserzone übergeht und deshalb ideal für Familien mit Kindern ist. Zudem erwärmt sich das Wasser wegen der geringen Tiefe schneller als andere Teile der Ostsee. Den Westteil bildet ein fast drei Kilometer langes durchgehendes Kliff mit schmalem, vorgelagerten Strand. Auch an der Ostküste gibt es ein, wenn auch niedrigeres und nicht durchgehendes Steilufer. An diesen meist steinigen und mit Salzröhricht bewachsenen Stellen ist Baden keine Freude. Am Strand liegen zwei Campingplätze sowie ein Windsurfrevier. Die Wohlenberger Wiek dient Zugvögeln als Rastplatz, viele Vögel wie Singschwäne und Brachvögel sind hier ganzjährig anzutreffen.

### Hotels

**Jugendherberge Beckerwitz ●**

Preisgünstige Mehrbett- und Doppelzimmer 800 m vom Strand, mit Fahrradverleih und Zeltmöglichkeit.

- Zur Wiek 4
- 23968 Hohenkirchen/OT Beckerwitz
- Tel. 03 84 28/603 62
- www.beckerwitz.jugendherberge.de

Erst-! klassig

Auf dem Gelände der Jugendherberge befindet sich auch das Baumhausdorf »Grüne Wiek«. Gäste können in sechs bienenwabenförmigen Holzhäusern übernachten, die jeweils Platz für bis zu sechs Personen bieten. Die Schlafwaben sind architektonisch äußerst gelungen und familien- und kindgerecht (www.gruenewiek.de). ●●

# ***Wismar 7

Wismar (42 400 Einw.) ist eine der schönsten Städte an der deutschen Ostseeküste, trotz der vielen Zerstörungen im Zweiten Weltkrieg. Das erkannte auch die UNESCO und nahm die Wismarer Altstadt 2002 in die Weltkulturerbeliste auf.

Die Ursprünge der Stadt gehen bis auf die Wendenzeit zurück. Wegen der Lage an der damals wichtigen Via Regia, blühte der Handelsort auf. Ab 1259 bildete Wismar mit Lübeck, Kiel, Wismar, Rostock und Stralsund den Wendischen Städtebund, er sollte die Handelswege sichern. Im Mittelalter war Wismar ein wichtiges Mitglied der Hanse, die hanseatische Tradition ist bis heute zu spüren. Macht und Reichtum der Kaufleute, die mit der Hanse auf- und abstiegen, spiegeln sich in den Bauten am historischen Marktplatz. Seit Stadtratsbeschluss 1990 führt Wismar wieder den Titel Hansestadt.

Die strategisch wichtige Lage brachte jedoch nicht nur Vorteile, sondern weckte auch Begehrlichkeiten der nordischen Nachbarn. Während des Dreißigjährigen Krieges wurde die Stadt 1632 von schwedischen Truppen besetzt und fiel einige Jahre später ganz an Schweden. De facto endete die Schwedenzeit 1803, als Wismar für 99 Jahre ans Herzogtum Mecklenburg-Schwerin verpfändet wurde. Endgültig gehörte Wismar allerdings erst wieder ab 1903 zu Mecklenburg, nachdem Schweden auf die Einlösung des Pfandes verzichtet hatte.

Auch der legendäre Freibeuter Klaus Störtebeker war einst in Wismar, denn in einem Gerichtsprotokoll ist vermerkt, dass er 1380 in

Blickfang und Wahrzeichen der Hansestadt Wismar: die Wasserkunst auf dem Marktplatz

»Alter Schwede« – Willkommensgruß der Traditionsgaststätte am Markt

eine Schlägerei verwickelt war. Ob er hier auch geboren wurde, ist nicht belegt, denn mehr als ein Dutzend Orte streiten sich um diese »Ehre«. Wismar geht über diese Zweifel selbstbewusst hinweg, denn ein Schild neben der Haustür in der Speicherstraße 8 besagt: »In diesem Haus wurde 1368 der berühmte Vitalienbruder Klaus Störtebeker geboren«.

Besonders lohnend ist ein Besuch Wismars zum Schwedenfest Mitte August. Mit großem Unterhaltungsprogramm auf dem Marktplatz und im Alten Hafen erinnert sich die Stadt an ihre 155-jährige Zugehörigkeit zu Schweden (www. schwedenfest-wismar.de).

## Marktplatz Ⓐ

ⒺⓇⓢⓣ-ⓀⓁⒶⓈⓈⒾⒼ Blickfang auf dem Markt ist die *Wasserkunst, ein zwölfeckiger Renaissancepavillon, 1580–1602 erbaut, der die Altstadt bis 1897 mit Wasser versorgte. Gespeist wurde die Wasserversorgung von einer vier Kilometer entfernten Quelle. Zwölf verzierte Säulen tragen ein Kupferdach, das von einem kleinen Turm gekrönt wird. Auftraggeber der Wasserkunst war Hinrich Schabell, dessen prunkvolles Wohnhaus ebenfalls zu den Wismarer Sehenswürdigkeiten zählt.

An der östlichen Platzseite steht eines der ältesten Bürgerhäuser der Stadt (um 1380), der *Alte Schwede. Das gotische Backsteinhaus besitzt einen reich gegliederten Staffelgiebel. Seinen Namen bekam das Haus 1878, als hier eine Gastwirtschaft aufmachte. Noch heute gibt es hier ein Restaurant mit dem Namen »Alter Schwede«, das gutbürgerliche mecklenburgische und schwedische Küche auf der Speisekarte hat (Am Markt 22, Tel. 038 41/28 35 52, www.alter-schwede-wismar.de).

Das klassizistische **Rathaus** Ⓑ nimmt fast die gesamte Nordseite des Platzes ein. Von 1817–1819 errichtet, ersetzte es den spätgotischen Vorgängerbau. Reste des alten Rathauses, wie der Keller, wurden in den Neubau integriert. Im Rathauskeller mit dem schönen gotischen Kreuzrippengewölbe befindet sich die Dauerausstellung »Wismar – Bilder einer Stadt«, die Wismars Entwicklung seit den Anfängen nachvollziehbar darstellt (Am Markt 1, Tel. 038 41/251 30 25, tgl. 10–18 Uhr).

Nördlich vom Rathaus in Richtung Hafen bietet die Fußgängerzone viele Einkaufsmöglichkeiten. Vor allem in der Krämerstraße sind bemerkenswerte Giebelhäuser erhalten geblieben. In der Krämerstraße 4 eröffnete Rudolph Karstadt 1881 seinen ersten Laden und begann bald darauf zu expandieren. Den viergeschossigen Jugendstilbau an der Ecke zur Lübschen Straße (heute Rudolph-Karstadt-Platz 1) ließ er 1907 errichten. Bis heute kann man im Karstadt Stammhaus einkaufen.

## Gotisches Viertel

Westlich vom Marktplatz kommt man ins Gotische Viertel. Weithin sichtbar ist der 80 m hohe Turm von **St. Marien** Ⓒ. Durch Luftangriffe im Zweiten Weltkrieg schwer beschädigt, wurde die Kirche 1960 gesprengt, nur der Turm blieb erhalten, der ab 1990 saniert wurde. Das Glockenspiel erklingt täglich um 12, 16 und 19 Uhr. Im Innern vermittelt die Ausstellung »Wege zur Backsteingotik« einen Eindruck von der einstigen Schönheit und Größe der Kirche (April–Juni, Sept./Okt. tgl. 10–18, Juli/Aug. 10–20, Nov.–März 11–16 Uhr; Turm-

| | | |
|---|---|---|
| Ⓐ Marktplatz | Ⓓ St. Georgen | Ⓖ Nicolaikirche |
| Ⓑ Rathaus | Ⓔ Heiligen-Geist-Kirche | Ⓗ Wassertor |
| Ⓒ St. Marien | Ⓕ Schabbellhaus | Ⓘ Baumhaus |

Himmlisch: die Heiligen-Geist-Kirche

rekonstruiert. Der Innenraum blieb wird künftig in erster Line für Konzerte genutzt (April–Juni, Sept./Okt. tgl. 10–18, Juli/Aug. 10–20, Nov.–März 11–16 Uhr).

Zwischen St. Marien und St. Georgen erinnert der **Fürstenhof,** einst Sitz der mecklenburgischen Herzöge, an die weltliche Macht in der Stadt. Das Gebäude besteht aus zwei Flügeln: Der westliche entstand 1512 im spätgotischen Stil, der östliche ab 1553 im Stil der italienischen Renaissance. Hier ist besonders der Terrakottaschmuck sehenswert. Heute ist der Fürstenhof Sitz des Amtsgerichts.

Ein kleines Juwel ist die **Heiligen-Geist-Kirche** E, eine Saalkirche aus dem 15. Jh. mit bemalter Holzdecke (1687), die alttestamentarische Szenen zeigt. Direkt an die Kirche schließt sich das Lange Haus an, das früher als Hospital, später als Altersheim genutzt wurde (Lübsche Str. 31, tgl. 10–18 Uhr).

besteigung: April–Juni, Sept./Okt. tgl. 11, 13, 15, 17, Juli/Aug. 11, 13, 15, 17, 19, Nov.–März 12, 14 Uhr).

Wie viele andere Gebäude in der Umgebung von St. Marien wurde auch das ehemalige **Haus des Archidiakons** (St. Marien-Kirchhof 3) im Zweiten Weltkrieg stark beschädigt, allerdings schon ab 1960 rekonstruiert. Besonders kunstvoll ist der Staffelgiebel an der Nordseite des Gebäudes.

**St. Georgen** D war einst die Kirche der Handwerker und Gewerbetreibenden. Die Anfänge des Gotteshauses gehen auf die erste Hälfte des 13. Jh. zurück. In der Folgezeit wurde die Kirche häufig umgebaut und erst 1594 fertiggestellt, doch einen Turm bekam sie nicht. Kurz vor Ende des Zweiten Weltkrieges richteten zwei Bomben schwere Schäden an, danach verfiel das Meisterwerk der Backsteingotik. Erst von 1990 bis 2010 wurde es aufwendig

**Erst-klassig**

## Nördlich vom Marktplatz

Das **Schabbellhaus** F wurde in den Jahren 1569 bis 1571 nach Plänen des Utrechter Baumeisters Philipp Brandin als Brauhaus und Wohnhaus für den späteren Wismarer Bürgermeister Hinrich Schabbell im Stil der Renaissance errichtet. Das Schabbellhaus, das Nachbargebäude und die dazugehörigen Höfe sollen ab 2016 als Ausstellungs- und Veranstaltungsgebäude des Stadtgeschichtlichen Museums dienen (Schweinsbrücke 8, zur Zeit wegen Umbau- und Sanierungsarbeiten geschlossen).

Ein Stück weiter nördlich erhebt sich die **Nikolaikirche** , eine gotische Backsteinbasilika, die als einzige der drei großen mittelalterlichen Kirchen Wismars im Zweiten Weltkrieg von Bomben verschont blieb. Deshalb stammen Teile ihrer Ausstattung auch aus Marien- und Georgenkirche (Spiegelberg 14, Mai–Sept. 8–20, Okt., April 10–18, sonst 10–16 Uhr).

## Alter Hafen

Das spätgotische **Wassertor** führt von der Innenstadt zum Alten Hafen. Es wurde Mitte des 15. Jhs. errichtet und ist der letzte Rest einer Stadtmauer mit einst fünf Toren. Der Backsteinbau besitzt einen massigen, quadratischen Turm mit großem Durchgang, zur Stadtseite zeigt ein spätgotischer Stufengiebel, der später umgebaute Nordgiebel ist schmucklos. Als im 19. Jh. neue Hafenanlagen, Fabriken und Werften entstanden, wurde der Alte Hafen zum Fischereihafen. Die Fischeratmosphäre prägt bis heute den Kai: Frischfisch gibt's vom Kutter, Geräuchertes am Stand, Ausflugsschiffe starten von hier zur Insel Poel und zu Hafenrundfahrten. In der Straße Am Lohberg wird heute in einstigen Lagerhäusern und Speichern fürs leibliche Wohl gesorgt.

Das **Baumhaus** ist ein Barockbau aus der Mitte des 18. Jhs. Seinen Namen trägt es, weil hier früher nachts die Hafeneinfahrt mit einem Baumstamm abgesperrt wurde. Vor dem Portal befinden sich zwei bunt bemalte Büsten, die sogenannten Schwedenköpfe.

## Außerhalb der Innenstadt
## phanTECHNIKUM

Die nach den vier Elementen Luft, Wasser, Feuer und Erde gegliederte Ausstellung des Erlebniszentrums macht die Technikgeschichte Mecklenburg-Vorpommern spannend und anschaulich nachvollziehbar – Anfassen und Experimentieren ausdrücklich erwünscht, nicht nur für Kinder und Jugendliche (Zum Festplatz 3, Tel. 038 41/25 78 11, www.phantechnikum.de, Juli-Aug. Di–So 10–18, sonst bis 17 Uhr).

Erst-klassig

## Tierpark Wismar

Auf dem weitläufigen Gelände südwestlich vom Zentrum gibt es Wisente, Straußen, Nasenbären, Frettchen, Waschbären, diverse Huftiere, sowie Kattas sehen. Wo es möglich ist, verzichtete man auf Zäune. Die Luchse kann man von einem Hochstand aus beobachten. Im Streichelgehege kommt man Ziegen und Schafen ganz nah (Zum Festplatz 4, Tel. 038 41/7 070 70, www.tierpark-wismar.de, Sommer tgl. 9–18, Winter Sa/So und Fei 10–18 Uhr).

### Info

**Tourist-Information**

Angeboten werden auch diverse Stadtführungen zu speziellen Themen. So kann man die Stadt mit dem Seeräuber Klaus Störtebeker erkunden, mit dem Nachtwächter durch die abendliche Altstadt gehen oder sich auf den Spuren der Fernsehserie »SOKO Wismar« durch die Stadt führen lassen.

▪ Am Markt 11 | 23966 Wismar
▪ Tel. 038 41/194 33
▪ www.wismar.de

»Am schwarzen Busch«: Dramatik auf der Insel Poel

### Lichter in der Nacht

Wenn es Nacht wird, gehen an der 340 km langen Küste zwischen Wismarer Bucht und Usedom die Lichter an. Zur Lichterkette Mecklenburg-Vorpommerns gehören einige bemerkenswerte **Denkmäler** deutscher Architektur und Technikgeschichte: Das älteste entstand 1826–29 nach Plänen Karl Friedrich Schinkels am **Kap Arkona**. 1848 folgte der Darßer Leuchtturm und sieben Jahre später das mit 39 m höchste auf der Greifswalder Oie, dessen Strahlen fast 50 m weit zu sehen sind.

Laternen und offene Feuer, mit denen seit Anfängen der Seefahrt hantiert wurde, hatten bald ausgedient. Das bedeutete für den **Schinkel-Bau** auf Rügen 1902 das endgültige Aus. Gleich nebenan leuchtet seitdem ein 6 m höherer moderner Turm – Nacht für Nacht.

## Hotels

**Alter Speicher** ●●—●●●
Denkmalgeschütztes Giebelhaus in der Altstadt mit Jugendstilsalon und Bistro.
▮ Bohrstr. 12
▮ Tel. 038 41/21 17 46
▮ www.hotel-alter-speicher.de

**Stadt Hamburg** ●●
Hinter der historischen Fassade verbirgt sich moderner Komfort und Eleganz.
▮ Am Markt 24
▮ Tel. 038 41/23 90
▮ www.steigenberger.com/wismar

## Restaurants

**Brauhaus am Lohberg** ●
Hauseigene Brauerei erinnert an die über 200 Brauereien zu Hansezeiten.
▮ Kleine Hohe Str. 15
▮ Tel. 038 41/25 02 38
▮ www.brauhaus-wismar.de

**Restaurant im Reuterhaus** ●●
Mecklenburgische Hausmannskost.
▮ Am Markt 19
▮ Tel. 038 41/222 30
▮ www.restaurant-reuterhaus.de

**Oberdeck** ●●
Hauptsächlich Fischgerichte, auch mehrgängige Menüs (Mittag und Mo geschl.)
▮ Schiffbauerdamm 3
▮ Tel. 038 41/326 68 10
▮ www.oberdeck-wismar.de

**To'n Zägenkrog** ●●
Im Ziegenkrug, einem der besten Fischrestaurants Deutschlands, speist man in maritimer Atmosphäre.
▮ Ziegenmarkt 10
▮ Tel. 038 41/28 27 16
▮ www.ziegenkrug-wismar.de

Erst-
klassig

# Insel Poel

Wer die einstündige Schiffsreise von Wismar nach Poel scheut (2700 Einw.), kann die mit 37 km² drittgrößte Insel an der Küste Mecklenburg-Vorpommerns auch auf dem Landweg erreichen. Seit 1760 führt ein Damm von Groß Strömkendorf zum Weiler Fährdorf. Auf Poel gibt es viele Wanderwege, weite Äcker und Felder, im Norden und Osten eine kleine Steilküste und viel  Strand. Schon aus der Ferne grüßt der Timmendorfer Leuchtturm von 1871 im Westen der Insel. Das touristische Zentrum ist **Timmendorf-Strand** mit Promenade, Hafen, Cafés, Restaurants und Souvenirläden. Der lange Timmendorfer Strand ist nicht der einzige Sandstrand. Auch »Am Schwarzen Busch« in der Nähe von Kirchdorf, am Naturstrand »Hintern Wangern« im Süden der Insel oder am Strand von Gollwitz lässt es sich gut baden. Alle Strände fallen sanft ab und sind ideal für Familien mit kleinen Kindern.

Vor Gollwitz liegt die Vogelschutzinsel Langenwerder, auf der viele Seevögel brüten. Hobbyornithologen zieht es vor allem im Frühjahr und Spätsommer nach Poel, denn auf den Salzwiesen und Wasserflächen rund um die Insel rasten viele Vögel. Selbst Kraniche kann man hier im Herbst beobachten.

In **Kirchdorf**, Hauptort von Poel, steht die einzige Inselkirche, erbaut im 13. Jh. mit romanischen und gotischen Stilelementen, Zudem gibt es einen malerischen Hafen. Kutter und Ausflugsschiffe bieten Fahrten

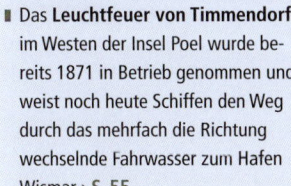

### Die imposantesten Leuchttürme

- Das **Leuchtfeuer von Timmendorf** im Westen der Insel Poel wurde bereits 1871 in Betrieb genommen und weist noch heute Schiffen den Weg durch das mehrfach die Richtung wechselnde Fahrwasser zum Hafen Wismar › S. 55.

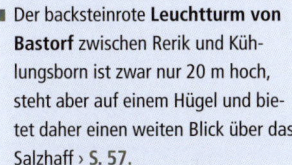

- Der backsteinrote **Leuchtturm von Bastorf** zwischen Rerik und Kühlungsborn ist zwar nur 20 m hoch, steht aber auf einem Hügel und bietet daher einen weiten Blick über das Salzhaff › S. 57.

- Der **Leuchtturm von Warnemünde** an der Mündung der Warnow in die Ostsee wurde 1897 erbaut und ist zusammen mit dem benachbarten »Teepott«, einem Gebäude aus DDR-Zeiten, das Wahrzeichen des Rostocker Seebads › S. 74.

- Am **Kap Arkona** steht der älteste Leuchtturm Mecklenburg-Vorpommerns. Der trutzige dreigeschossige Backsteinturm wurde zwischen 1826 und 1829 nach Plänen von Karl Friedrich Schinkel erbaut, war bis 1902 in Betrieb und beherbergt heute ein Museum › S. 96.

- Der weiße **Leuchtturm von Hiddensee** mit dem signifikant roten Dach steht auf den Hügeln des Dornbuschs im Norden der Insel und erreicht eine Feuerhöhe von mehr als 90 m über dem Meeresspiegel › S. 98.

- Auf der **Greifswalder Oie**, einer winzigen Ostseeinsel in der Pommerschen Bucht, strahlt das mit 39 m höchste Seezeichen des Landes bis zu 50 km weit › S. 122.

Trautes Beieinander gotischer Strenge und barocker Heiterkeit in Reriker Johanneskirche

nach Wismar oder Hafenrundfahrten an (www.reederei-clermont.de).

Das kleine **Heimatmuseum** in der ehemaligen Schule erinnert u. a. an den 3. Mai 1945, als britische Bomber in der Lübecker Bucht vier Schiffe versenkten, die KZ-Häftlinge an Bord hatten. Auf dem Luxusdampfer »Cap Arcona«, dem Flaggschiff der Hamburg-Südamerika-Linie kamen fast 4600 KZ-Insassen ums Leben, insgesamt starben mehr als 7000 Menschen. Außerdem informiert das Museum über den Alltag der Inselbewohner einst und jetzt sowie über Poels Naturschutzgebiete. (Mitte Mai–Mitte Sept. Di–So 10–16, sonst Di/Mi, Sa 10–12 Uhr).

**Info**

**Kurverwaltung Insel Poel**
▪ Wismarsche Str. 2 | 23999 Kirchdorf
▪ Tel. 03 84 25/203 47
▪ www.insel-poel.de

# Rerik

Das Ostseebad Rerik (2300 Einw.) am Übergang zur schmalen Halbinsel Wustrow kam erst 1938 zu Stadtrecht und Namen. Grabungen hatten damals einige Scherben zu Tage gefördert, woraus man auf den im Jahr 808 durch die Dänen zerstörten Handelsplatz Rerik schloss. Also benannte man Alt Gaarz in Rerik um. Die prächtige barocke Ausmalung der frühgotischen **Johanneskirche** (1250–1270) ist einzigartig an der deutschen Ostsee. Bei einer Restaurierung wurden Reste der gotischen Ausschmückung des 13. Jh. entdeckt. Auf der fein beschnitzte Kanzel (1750), erinnert eine Sanduhr den Pastor daran, nicht zu lange zu predigen. Die Johanneskirche ist aber mehr als ein Gotteshaus. Ihr quadratischer Turm mit der »Bischofsmütze« ist auch eine weit sichtbare Landmarke.

Erst-
klassig

Das **Heimatmuseum** im mit rund 200 Jahren ältesten Gebäude der Stadt informiert über Grabungsfunde und die Ortsgeschichte (Mitte Mai–Mitte Sept. Di/Mi, Fr 10–12, 14–17, Do 14–18, Sa, 14–17, So 15–17, Mitte Sept.–Mitte Mai Di 10–12 und 14–17, Mi 14–17, Do 14–18, Fr 10–12, Sa/So 14–16 Uhr).

Durch die abwechslungsreiche Lage zwischen Ostsee und Salzhaff kann man in der Umgebung von Rerik zwischen naturbelassener Steilküste und Strand wählen, ebenso wie zwischen wilder Ostseebrandung und ruhigem Haffwasser. Deshalb finden hier sowohl Anfänger als auch fortgeschrittene Segler und Surfer ein passendes Revier.

Auch der Schmiedeberg – ehemals ein slawischer Burgwall – ist ein beliebtes Ausflugsziel. Nach einem kurzen Aufstieg genießt man einen weiten Blick über die **Halbinsel Wustrow**, die der nur 50 m breite »Wustrower Hals« mit dem Festland verbindet. Wustrow galt 1932–93 als verbotene Halbinsel, denn sie wurde vom Militär genutzt. Inzwischen befindet sich die Halbinsel mit Ausnahme des Naturschutzgebiets in Privatbesitz und ist nach wie vor öffentlich nicht zugänglich.

### Buchtipps

- Edelgard und Klaus Feiler »Die verbotene Halbinsel Wustrow. Flakschule – Militärbasis – Spionagevorposten«
- Alfred Andersch lässt die Handlung in dem Roman »Sansibar oder der letzte Grund« in Rerik spielen, anhand seiner Beschreibungen wird aber schnell klar, dass es nicht um Rerik geht.

### Info

**Kurverwaltung**
- Dünenstr. 7 | 18230 Rerik
- Tel. 03 82 96/784 29
- www.rerik.de

### Hotel

**Pension Kiek in ●**
Ruhig gelegene Pension, 500 m vom Haff, auch Ferienwohnungen.
- Verbindungsstr. 3
- Tel. 03 82 96/782 21
- www.kiek-in.de

### Restaurant

**Steilküste ●●**
Hier wird lokaler, frischer Fang schmackhaft zubereitet. Man sitzt mit Blick auf die Ostsee. Ein Klassiker in Rerik, unbedingt reservieren (Mo geschl.).
- Parkweg 10
- Tel. 03 82 96/783 86

# Ausflüge von Rerik

## Bastorf 🔟

Rund 3 km im Landesinnern liegt Bastorf. Sehenswert ist der Gutshof mit seinen reetgedeckten Gebäuden; hier finden vor allem Familien gute Möglichkeiten für einen Aktiv- und Wellnessurlaub (Kühlungsborner Str. 1, Tel. 03 82 93/64 50, www.gutshof-bastorf.de). Weithin sichtbar ist der **Leuchtturm**. Der rote Backsteinturm misst nur 20 m, steht jedoch auf dem 78 m hohen Signalberg. Es lohnt sich, die 55 Stufen zur Aussichtsplattform zu erklimmen, denn von oben genießt man einen weiten Blick über das Salzhaff, an  klaren Tagen sogar bis Fehmarn (im Sommer 11–17, sonst bis 16 Uhr).

## Neubukow **11**

14 km südlich von Rerik liegt das Ackerbürgerstädtchen Neubukow (4000 Einw.). Schon von Weitem grüßen die rot-weißen Flügel einer Holländerwindmühle. In dem Ort wurde am 6. Januar 1822 Heinrich Schliemann geboren, der Entdecker Trojas. Die **Schliemann-Gedenkstätte** präsentiert liebevoll Fotos und Grabungsfunde – meist in Nachbildungen – zu Leben und Wirken des Archäologen (Am Brink 1, April–Okt. Di–So 10–17, Nov.–März Di–Fr 10–16, Sa 13–16 Uhr).

## Landschaftschutzgebiet Kühlung **12**

Zehn Autominuten östlich von Rerik schließt sich das Landschaftsschutzgebiet Kühlung an. Der Name des gleichnamigen Höhenzugs soll von den vielen Kuhlen abgeleitet sein, die die hügelige Landschaft prägen. Die artenreichen Wälder durchzieht ein dichtes Netz an Wanderwegen. Hauptort ist das bereits 1177 urkundlich erwähnte **Kröpelin** (4800 Einw.). Ein kleines **Stadtmuseum** erinnert an die lange Tradition des örtlichen Schuhmacherhandwerks (Hauptstr. 5, www.bibliothek-museum-kroepelin.de, Mo/Di, Do/Fr 9–12 und Mo/Do 13.30–17, Di 13.30–18, Fr 13.30–16, Mai–Sept. auch Sa 9–12 Uhr).

## Kühlungsborn **13**

Das Traditionsbad (7400 Einw.) zwischen Wismar und Rostock ist eines der größten und beliebtesten Seebäder an der deutschen Ostseeküste. Die ersten Sommerfrischler kamen 1850, seit 1910 mit Schmalspurbahn Molli aus Bad Doberan. **Erst-klassig**

Die beiden Ortsteile Kühlungsborn West (früher Arendsee) und Ost (früher Brunshaupten) trennt der 120 ha große Stadtwald. Verbindendes Element ist der über 4 km lange superfeine Sandstrand. Das **Erst-klassig** Seebad rühmt sich, mit 3600 m die längste **Promenade** Deutschlands zu haben. Diesen Superlativ beanspruchen aber auch die drei Kaiserbäder auf Usedom. Seit 1991 hat Kühlungsborn wieder eine **Seebrücke**.

Im Stadtbild setzen klassizistische, mit Säulen und Freitreppen geschmückte **Bädervillen** Akzente, wie die Hotels »Hubertusburg«, »Westfalia« und »Laetitia« (Ostseeallee) sowie »Schloss am Meer« und »Hansa-Haus« (Tannenstraße).

### Info

**Touristik-Service**
▮ Ostseeallee 19
▮ 18225 Kühlungsborn
▮ Tel. 03 82 93/84 90
▮ www.kuehlungsborn.de

### Hotels

**Hotel Residenz Waldkrone** ●●—●●●
Geschmackvolles Bäderhotel von 1906.
▮ Tannenstr. 4
▮ Tel. 03 82 93/40 00
▮ www.waldkrone.de

**Travel Charme Ostseehotel** ●●●
4-Sterne-Hotel direkt an der Seebrücke, exquisiter Wellnessbereich.
▮ Zur Seebrücke 1
▮ Tel. 03 82 93/41 50
▮ www.travelcharme.com/ostseehotel

### Sailer's Inn ●●
Pension am Strand, Segel- und Surfschule im Haus.
▌ Anglersteig 2
▌ Tel. 03 82 93/140 26
▌ www.sailersinn.de

### Vielmeer ●●
Trendiges Lokal mit Terrasse direkt an der neuen Seebrücke; in der Lounge gibt es außer Cocktails manchmal Livemusik.
▌ Am Yachthafen
▌ Tel. 03 82 93/417 41
▌ www.vielmeer.com

## *Heiligendamm 🔲

Der G8-Gipfel machte im Juni 2007 das Ostseebad Heiligendamm weltbekannt. Badefans ist der Ort allerdings schon seit Langem ein Begriff. Denn der heutige Ortsteil von Bad Doberan gilt als Wiege der deutschen Bäderkultur. Im Jahr 1793 folgte der Herzog von Mecklenburg-Schwerin dem Rat seines Arztes, der von der wohltuenden Wirkung des Salzwassers schwärmte, und gründete in Heiligendamm das erste Seebad des Kontinents.

Das klassizistische **Kurhaus**, von 1814 bis 1816 gebaut, geht auf den Baumeister Carl Theodor Severin (1767–1836) zurück. Die lateinische Inschrift »Heic te Laetitia Invitat post balnea Sanum« stammt noch aus der Gründungszeit und bedeutet: »Hier erwartet dich Freude, entsteigst du gesundet dem Bade.«

Viele klassizistische Bauten kamen bis zum Ende des 19. Jhs. hinzu – Villen, Hotels und Logierhäu-

Klassizistische Eleganz in Heiligendamm

ser. All die denkmalgeschützten, originalgetreu restaurierten Gebäude lassen den mondänen Glanz des Seebads neu erstrahlen und Heiligendamm den Beinamen »Weiße Stadt am Meer« wieder zu Recht tragen.

Heiligendamm besitzt natürlich auch eine **Seebrücke**, die 200 m weit ins Meer reicht und von der man das klassizistische Ensemble des Ortes besonders gut im Blick hat.

### Grand Hotel Heiligendamm
Das exklusivste Hotel an der Ostseeküste besteht aus einem klassizistischen Gebäudeensemble. Besonders stilvoll nächtigt man in den Turmsuiten mit Dachterrasse. Zum Luxusresort gehören ein 3000 Quadratmeter großer Spa- und Beauty-Bereich, ein Golfplatz sowie ein Gestüt. Im Gourmetlokal »Friedrich Franz« verwöhnen Sterneköche die Gäste. Nach Eröffnung 2003 und Insolvenz 2012 hat das Luxushotel im Sommer 2013 einen neuen Besitzer gefunden.
▌ Prof.-Dr.-Vogel-Str. 6
▌ 18209 Heiligendamm
▌ Tel. 03 82 03/74 00
▌ www.grandhotel-heiligendamm.de

# *Bad Doberan 15

Die Kreisstadt (11 300 Einw.) am Nordostrand einer bewaldeten Stauchmoräne zieht vor allem Liebhaber sakraler Kunst an, die das **\*\*Doberaner Münster** bewundern möchten. Die dreischiffige gotische Backsteinbasilika wurde 1295–1368 als Klosterkirche nach den strengen zisterziensischen Bauregeln errichtet, weshalb anstelle eines Turms bescheiden ein zierlicher Dachreiter aufragt. Im Innern sind von den ehemals 14 Altären vier erhalten.

Neben dem hübsch vergoldeten Hochaltar von 1300/1350, einem der ältesten erhaltenen Flügelaltäre Europas, ist besonders der Kreuzaltar am Lettner von 1360/70 mit einem als Lebensbaum gestalteten Kreuz bemerkenswert. Zu den Kostbarkeiten der Kirchenausstattung zählen darüberhinaus Reste gotischer Glasmalerei, ein Kerzenleuchter aus dem 13. Jh., Grabmäler und das Chorgestühl aus dem 14. Jh. Im Jahr 2013 schlug Mecklenburg-Vorpommern das Münster, das Kriege und Bildersturme weitgehend unbeschadet überstand, dem deutschen Auswahlgremium für das UNESCO Weltkulturerbe vor (Mai–Sept. Mo–Sa 9–18, So 11–18 Uhr, März/April, Okt. Mo–Sa 10–17, So 11–17 Uhr, Nov.–Febr. Mo–Sa 10–16, So 11–16 Uhr. Führungen: Mai–Okt. tgl. 11, 12, 13, 14, 15, Juli/Aug. auch 16, Nov.–April tgl. 11 und 13 Uhr, auch Konzerte und Gottesdienste, Infos: Klosterstr. 2, Tel. 03 82 03/627 16, www.muenster-doberan.de).

Nicht weit vom Münster entfernt informiert das **Stadt- und Bädermuseum** im sogenannten Möckelhaus, einem neogotischen Backsteingebäude von 1886, über die Geschichte von Bad Doberan und Heiligendamm. Zu den interessanten Exponaten gehören auch historische Bademoden und ein Badekarren (Beethovenstr. 8, Tel. 03 82 03/ 620 26, Mitte Mai–Mitte Sept. Di–Fr 10–12 und 13–17, Sa/So 12–17, Mitte Sept.–Mitte Mai Di–Fr 10–12 und 13–16, Sa 12–16 Uhr, www.stadtmuseum.moeckelhaus.de).

Nachdem der großherzogliche Hof von Mecklenburg-Schwerin Bad Doberan als Sommersitz entdeckt hatte, legte Hofbaumeister Carl Theodor Severin um 1800 einen Park – den **Kamp** – an. In und um diese zentrale Grünanlage mit zahlreichen Linden entstanden im Stil des Klassizismus das **Großherzogliche Palais** und das **Prinzenpalais** sowie die zwei Pavillons in chinesischem Baustil: Der **Weiße Pavillon** dient heute als Cafè und Restaurant, der **Rote Pavillon** für Ausstellungen des Kunstvereins. Früher war der Kamp das Zentrum des gesellschaftlichen Lebens, heute wird der Platz für Open-Air-Veranstaltungen genutzt. Übrigens wurde 1807 in Bad Doberan die erste Pferderennbahn Europas außerhalb Großbritanniens eröffnet.

Im **Ehm-Welk-Haus,** einem schlichten Klinkerbau am Stadtrand, verbrachte Ehm Welk (1884–1966), der Autor von »Die Heiden von Kummerow« (1937) und »Die Gerechten von Kummerow« (1943) seine letzten Lebensjahre. Beide Romane schildern deftig-humorvoll die Atmosphäre eines norddeutschen Dorfes. Neben Arbeitsraum und Bibliothek informiert ein kleines Museum über den Schriftsteller. Das Wohnzimmer wird für Veranstaltungen, z.B. Lesungen, Kabarett, Puppentheater und Konzerte, genutzt (Dammchaussee 23, Di–Sa 13–16 Uhr, Tel. 03 82 03/623 25).

Das Doberaner Münster von Westen

## Info

**Touristeninformation Bad Doberan**
- Severinstr. 6
- 18209 Bad Doberan
- Tel. 03 82 03/621 54
- www.bad-doberan.de

## Verkehr

 **4**

**Mecklenburgische Bäderbahn**
Für Eisenbahn-Nostalgiker: Seit 1886 bringt die **Schmalspurbahn Molli** Badegäste von Bad Doberan ans Meer nach Kühlungsborn. Im Sommer verkehren bis zu elf Zugpaare auf der Strecke, auch die Salonwagen mit roten Samtpolstern sind wieder im Einsatz. Einer der Höhepunkt der Fahrt ist, wenn die

**Erst-!
klassig** Dampflok im Schritttempo mitten durch das Zentrum von Bad Doberan schnauft.
- Am Bahnhof
- Tel. 03 82 03/43 13 31
- www.molli-bahn.de

## Hotels

**Hotel Prinzenpalais ●●–●●●**
2009 eröffnetes Haus in dem klassizistischen Palais aus dem 19. Jh.; mit 30 stilvoll eingerichteten Zimmern.
- Alexandrinenplatz 8
- Tel. 03 82 03/731 60
- www.prinzen-palais.de

**Ostseepension Zum Rosengarten ●●**
Familiäre Pension, 50 m zum Strand.
- Seestr. 56 | 18211 Börgerende
- Tel. 03 82 03/816 53
- www.zum-rosengarten-boergerende.de

## Restaurants

**Torhaus ●–●●**
Hier lebt die Doberaner Klosterküche wieder auf, mit feinen, frischen Zutaten aus der Region. Außerdem werden im Klosterladen verschiedene Bioprodukte wie Kräuter und Schokolade, Senf und Bier verkauft.
- Klosterstr. 1a
- Tel. 0170/432 77 10
- Tgl. 10–18 Uhr
- www.torhaus-doberan.de

**Weißer Pavillon ●●**
Feinste Chinoiserie, Kuchen und Küche.
- Auf dem Kamp
- Tel. 03 82 03/623 26
- http://weisser-pavillon.de

# Rostock und Fischland, Darß, Zingst

## Das Beste!

- **Die majestätischen Großsegler bei der Hanse Sail** in Rostock bewundern › S. 73
- **Sich in den feinen warmen Sand** am Strand von Warnmünde buddeln › S. 73
- **Das Gold des Meeres** im Deutschen Bernsteinmuseum in Ribnitz-Damgarten bestaunen › S. 77
- **Strandwanderung im wilden Westen** der Vorpommerschen Boddenlandschaft auf dem Darß machen › S. 83
- **Dem Zug der Kraniche** im Herbst auf die Halbinsel Zingst folgen › S. 84

**Die sturmzerzauste Halbinsel Fischland-Darß-Zingst bietet mit pittoresken Dünenlandschaften, Kiefernwäldern und Dörfern den erholsamen Kontrast zur geschäftigen Hafenstadt Rostock, die zu Einkaufsbummel, Museums- oder Theaterbesuch einlädt.**

Rostock ist Mecklenburg-Vorpommerns einzig echte Großstadt und knüpft mit Docks, Kränen und Werften im Hafen an den Geist der Hanse an, unterhält einen regen Fracht- und Fährverkehr mit Skandinavien und dem Baltikum. Gegen Ende des 12. Jh. wurde die deutsche Siedlung mit lübischem Stadtrecht gegründet. Doch im Zweiten Weltkrieg – Rostock war damals ein wichtiges Zentrum der Rüstungsindustrie – zerstörten Bombenangriffe große Teile der historischen Bausubstanz. Doch seitdem sind in der Altstadt viele stolze Bauten der alten Handelsgilde wieder aufgebaut und auf Vordermann gebracht worden. So lässt sich der Einkaufbummel vom Neuen Markt durch die Fußgängerzone bis zur Universität mit einer Stadtbesichtigung und einem Abstecher zum Hafen in eines der Restaurants an der Warnow aufs Angenehmste kombinieren. Und wem das nicht erholsam genug ist, fährt ins nahe Seebad Warnemünde oder ein bisschen weiter.

Viel Meer und Natur versprechen die schmale Landzunge von Fischland, der sich nach Norden anschließende Darß und der von einem wunderbaren Dünenstrand gesäumte Zingst zu bieten. Kiefernwälder und Schilfgürtel wachsen auf der Halbinsel bis an die Straßen heran.

Richtige Wildnis bietet der sich selbst überlassene Westen des Nationalpark Vorpommersche Boddenlandschaft; am besten erfahrbar auf einer langen Strandwanderung.

Ansonsten führen schnurgerade Pappelallen von Dorf zu Dorf. Alte Kapitäns- und Fischerhäuser zeugen davon, was den Menschen hier seit Jahrhunderten Brot und Arbeit gab. Mit den Urlaubern haben sich die Dörfer zu Museen ihrer selbst gewandelt, allen voran Ahrenshoop, das gekonnt mit seiner Geschichte als Künstlerkolonie kokettiert. Doch bei aller Vielfalt lockt besonders und immer wieder das Meer.

Oben: Blick auf Rostock an der Warnow
Links: Typisch Darß – Dünen, Sand und Leuchtturm unter weitem Himmel

# Touren in der Region

Küstenradweg: **Von Warnemünde nach Barth**

**Tour-Übersicht:**

**Verlauf: Warnemünde › Dierhagen › Ahrenshoop › Zingst › Barth**

**Dauer:** 1–2 Tage; 76 km
**Praktische Hinweise:**
- Der Weg ist gut ausgebaut und beschildert und verläuft überwiegend auf wenig befahrenen Landstraßen.
- An der Strecke gibt es etliche Campingplätze und andere Übernachtungsmöglichkeiten.
- Bahnanschlüsse bestehen in Warnemünde, Ribnitz-Damgarten und Barth. Eine Autofähre setzt alle 20 Min. von Warnemünde über den Seekanal zur Hohen Düne über.

**Tour-Start:**

Bevor man startet sollte man im Seebad **\*Warnemünde** › S. 73 am besten einen ganzen Tag am Strand faulenzen, Kreuzfahrtschiffen beim Ein- und Auslaufen zuschauen oder den Leuchtturm besteigen und die Aussicht genießen. Mittags oder abends kehrt man in eines der Fischrestaurants in Nähe des Alten Stroms ein. Auch ein Abstecher in die Hansestadt **\*\*Rostock** › S. 67 ist lohnend und per S-Bahn schnell zu machen. Wenn man sich dann zum Aufbruch entschließt, radelt man zur Fähre und folgt der Ausschilde-

rung »Hohe Düne«, anschließend geht es durch die von Mooren und Wäldern geprägte **Rostocker Heide** › S. 76. Im Ostseeheilbad **Graal-Müritz** › S. 76 lohnen ein Abstecher zur Seebrücke und ein Spaziergang auf der Strandpromenade, die die beiden Ortsteile Graal und Müritz miteinander verbindet. In Dierhagen beginnt dann die **\*Halbinsel Fischland-Darß-Zingst** › S. 79. Größte Attraktion von **\*Ahrenshoop** › S. 80 ist das neue Kunstmuseum, das in erster Linie Bilder der Künstlerkolonie zeigt, aber auch Werke der Klassischen Moderne und zeitgenössischen Kunst. Im Seebad **Prerow** › S. 83 geht es familiär zu, hier befindet sich das Darß-Museum. Über **Zingst** › S. 84 erreicht man schließlich das kleine Örtchen **Barth** › S. 78.

**Rundtour über Fischland-Darß-Zingst**

**Tour-Übersicht:**

**Verlauf: Ahrenshoop › Wieck › Prerow › Darßer Ort › Zingst › Barth › Ribnitz-Damgarten › Ahrenshoop**

**Dauer:** 1 Tag; 100 km
**Praktische Hinweise:**
- Das Bernsteinmuseum hat im Sommerhalbjahr täglich bis 18 Uhr geöffnet.
- In Zingst laden nahe der Seebrücke etliche Fischlokale zur Einkehr.

## Tour-Start:

Auf der Rundfahrt über die Halbinsel fasziniert vor allem der ständige Wechsel von Ostsee und Boddenküste. Von **\*Ahrenshoop** › S. 80, in dem das 2013 eröffnete Kunstmuseum besondere Aufmerksamkeit verdient, geht es über Born › **S.83** in das am Bodstedter Bodden gelegene **Wieck** › S.83. Das dortige Besucherzentrum »Darßer Arche« informiert über den Nationalpark Vorpommersche Boddenlandschaft.

Anschließend fährt man weiter zum Ostseebad **Prerow** › S. 83. Von dort verkehren Pferdekutschen zum **Leuchtturm Darßer Ort** › S. 83 in der Kernregion des Schutzgebiets (der Weg ist für den öffentlichen Verkehr gesperrt). Zurück in Prerow, setzt sich die Tour entlang der Nordküste der Halbinsel nach **Zingst** › S. 84 fort, das die meisten Gästebetten auf der Halbinsel anzubieten hat. Wer im Herbst unterwegs ist, sollte nicht versäumen, eine Führung zu den Kranichrastplätzen mitzumachen.

Schließlich verlässt man die Halbinsel über die Meiningenbrücke in Richtung **Barth** › S. 78. Das romantische Städtchen lohnt einen Bummel, bevor man weiter nach **Ribnitz-Damgarten** › S. 77 fährt. Das dortige Bernsteinmuseum bietet eine beeindruckende Sammlung des goldgelben, urzeitlichen Harzes mit eingeschlossenen Blüten und Insekten sowie Schmuckstücken aus mehreren Jahrhunderten. Sogar ein Teil des berühmten Bernsteinzimmerns wurde nachgebildet. Man kehrt zurück nach Ahrenshoop.

Kunstkaten im malerischen Ahrenshoop

# Über den Darß nach Pramort

Tour 8

## Tour-Übersicht:

**Verlauf: Ahrenshoop** › **Born** › **Darßer Ort** › **Prerow** › **Zingst** › **Pramort**

**Dauer:** 1 Tag

**Praktische Hinweise:**
- Räder für die kombinierte Rad- und Wandertour können in Ahrenshoop ausgeliehen werden.
- Gehobene Küche bietet das Schlösschen Sundische Wiese in Zingst (Landstraße 19, Tel. 03 82 32/81 80, www.hotel schloesschen.de).

## Tour-Start:

Von der Gaststätte Räucherhaus in Althagen bei **\*Ahrenshoop** › S. 80 geht es auf einem schönen Radweg zunächst bis **Born** › S. 83, das mit einigen alten Fischerhäusern und Kopfsteinpflasterstraßen noch den ursprünglichen Charme eines Dorfes verströmt. Dann folgt man der Ausschilderung durch den Darßwald nach **Darßer Ort** › S. 83. Vom stattlichen Leuchtturm aus kann man auf dem Naturerlebnispfad (1 Std.) zu Fuß den Nationalpark Vorpommersche Boddenlandschaft erkunden, bevor es nach **Prerow** › S. 83 geht. Von dem familienfreundlichen Ostseebad führt ein aussichtsreicher Radweg auf dem Deich entland nach **Zingst** › S. 84, weiter zur Sundischen Wiese und auf einer für den motorisierten Verkehr gesperrten Straße zum 8 km entfernten **Pramort**. Beim Spaziergang vom Kranichbeobachtungsplatz (Sept.–Nov. Zutritt nur mit Nationalpark-Card) zur Hohen Düne kann man den Tag ausklingen lassen.

## Touren in der Region

**Tour 6** Küstenradweg: Von Warnemünde nach Barth
Warnemünde › Dierhagen › Ahrenshoop › Zingst › Barth

**Tour 7** Rundtour über Fischland-Darß-Zingst
Ahrenshoop › Wieck › Prerow › Darßer Ort › Zingst › Barth › Ribnitz-Damgarten › Ahrenshoop

**Tour 8** Über den Darß nach Pramort
Ahrenshoop › Born › Darßer Ort › Prerow › Zingst › Pramort

# Unterwegs in Rostock und Fischland, Darß, Zingst

## **Rostock 1

Die Stadt (203 000 Einw.) an der Warnowmündung war mit ihrem Überseehafen zu DDR-Zeiten das Tor zur Welt. Heute machen an den Kais neben Containerschiffen auch Kreuzfahrer fest – die alte Hansestadt zieht Touristen aus nah und fern an. Denn es gelang den Rostockern, den Glanz ihrer großen Vergangenheit wieder zu erwecken. Stufengiebel, Firste, Traufen und Speicher, drei große Kirchen und vier prachtvolle Stadttore illustrieren Bürgerstolz und Tradition. Da lässt sich der Anblick der gesichtslosen Plattenbauten in der City und im Umland verschmerzen. Außerdem machen 15 000 Studenten, die an einer der ältesten Universitäten Nordeuropas lernen, Rostock zu einer jungen Stadt mit vielen Kneipen und einer lebendigen Kulturszene.

## *Rostocks Hafenfront

Wer den Pulsschlag der Hafenstadt Rostock kennenlernen möchte, beginnt seinen Streifzug in der See-

mannskneipe **Zur Kogge** Ⓐ (Wokrenter Str. 27, Tel. 03 81/493 44 93, www.zur-kogge.de). Das rote Eckhaus mit dem Stufengiebel ist nur einen Steinwurf vom **Stadthafen** Ⓑ entfernt und nicht zu übersehen. Die originelle Kneipe hat 150 Jahre auf dem Buckel, entsprechend historisch ist das Interieur: Schiffsglo-

cken und Schiffsmodelle, Rettungsringe und allerhand Nautisches, die Speisekarte ist in Plattdeutsch gehalten. Im nahen Stadthafen künden alte Speicher, Lastenaufzüge und historische Schiff von Handel und Wandel in vergangenen Zeiten; Theater, Restaurants, Geschäfte und Jachten von der Bedeutung des Tourismus für Rostock heute.

## Kröpeliner Tor Ⓒ

In der Langen Straße begann nach dem Zweiten Weltkrieg der Wiederaufbau Rostocks. Die massige Gebäudesubstanz der sechs- bis elfstöckigen Monumentalbauten erinnert trotz Backsteinverkleidung, Staffelgiebeln, Arkadengängen, Friesen und Türmchen eher an sozialistische Repräsentationsarchitektur als an norddeutsche Backsteingotik.

Wo zur Zeit der Hanse die Handelsstraße aus Wismar und Lübeck in die Stadt hineinführte, steht das 54 m hohe Kröpeliner Tor, eines von vier erhaltenen Stadttoren. Die sechs Geschosse im Stil der Backsteingotik stammen aus dem 13. und 14. Jh., das Dach und der Dachreiter kamen später hinzu.

Vom Tor führt die Kröpeliner Straße von West nach Ost mitten durchs Zentrum zum Neuen Markt; sie gehört als Flanier- und Einkaufsmeile den Fußgängern. Neben den Schaufenstern und Cafés lohnt ein Blick nach oben zu den gotischen

Bei Wasserspielen auf dem Universitätsplatz kommt Freude auf

Backsteingiebeln mit Ergänzungen aus Renaissance und Barock. Ungefähr auf halbem Weg zum Neuen Markt passiert man den Universitätsplatz.

## Universitätsplatz

Auf dem Platz vor der 1419 gegründeten Universität lädt der 1980 von Jo Jastram und Reinhard Dietrich geschaffene »Brunnen der Lebensfreude« Kinder zum Planschen und Spielen ein. Außerdem erinnert ein Denkmal an Gebhard Leberecht von Blücher (1742–1819), den Helden der Befreiungskriege gegen Napoleon und ersten Rostocker Ehrenbürger. An der Westseite des Platzes erhebt sich das 1864–70 errichtet Hauptgebäude der Universität im Stil der Neorenaissance. An der Südseite stehen die klassizistische Neue Wache (1823) mit der monumentalen Säulenvorhalle von Carl Theodor Severin sowie das großherzogliche Palais (1714) mit

einem spätbarocken Saal im Obergeschoss, den man am besten bei einem Konzert erlebt. Am 1986 errichteten Fünf-Giebel-Haus gegenüber wirkten viele Künstler der Region mit; sie schufen die Türklinken mit Wasser- und Seefahrtmotiven, eine Uhr mit Figurenumlauf und Glockenspiel und andere Details.

## Kloster zum Heiligen Kreuz

Vom Universitätsplatz sind es nur wenige Meter zum ehemaligen Kloster zum Heiligen Kreuz. Die Gebäude des Zisterzienserinnenkonvents gehen größtenteils auf das 14. Jh. zurück, so auch die gotische Klosterkirche, deren mittelalterliche Ausstattung, darunter der figurenreiche Hochaltar, zu den großzügigsten im Ostseeraum gehört. Der Kreuzgang und ein Teil der Klausurgebäude beherbergen das **Kulturhistorische Museum** mit seinen Sammlungen zur Stadtgeschichte.

Erst-!
klassig

Neben Kunsthandwerk, Münzen, Möbel und Sakralkunst werden Werke der Künstlerkolonien Ahrenshoop und Schwaan ausgestellt (Klosterhof 7, Tel. 03 81/20 35 90, www.kulturhistorisches-museum-rostock.de, Di–So 10–18 Uhr).

## Rathaus ❻

Am Neuen Markt ist das Rathaus der Blickfang, ein aus drei Giebelhäusern bestehender Bau, der im Kern ins 13. Jh. zurückgeht. Die gotische von sieben Türmchen gekrönte Backsteinfront verschwindet aber fast ganz hinter der im 18. Jh. vorgeblendeten Barockfassade. Eindeutig mittelalterlichen Ursprungs sind die Gewölbekeller und Reste von Wandbemalungen unter den Arkaden.

## Marienkirche ❼

Über dem Häusermeer am Neuen Markt thront die Marienkirche, die von 1260 bis Ende des 15. Jhs. nach dem Vorbild der Lübecker Marienkirche errichtete Ratskirche. Lang- und Querhaus haben die gleiche Länge, was die eigenwillige Gestalt ausmacht – der bullige Turm findet in einem grazilen Dach aus dem 18. Jh. seinen Abschluss. Eine Bronzetaufe von 1290, der geschnitzte Rochusaltar von 1530 sowie Kanzel, Hauptaltar und die imposante Fürstenloge mit der darüber liegenden Orgel zählen zu den Reichtümern im Inneren. Ein großer Schatz ist  die Astronomische Uhr (1472) aus der Werkstatt des Nürnberger Uhrmachers Hans Düringer. Sie ist die am besten erhaltene im hanseati-

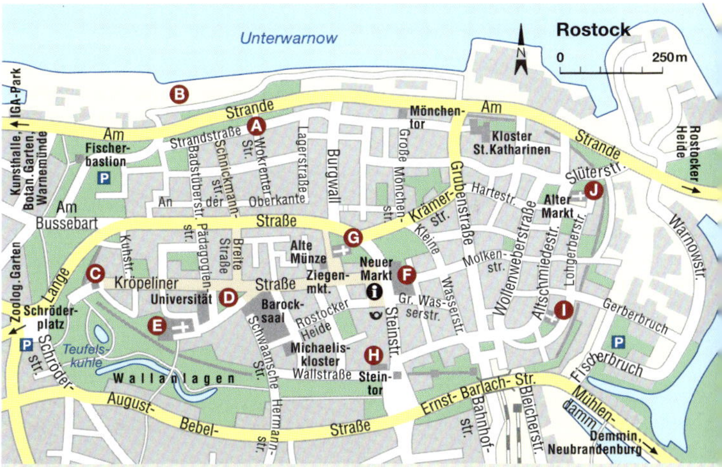

A »Zur Kogge«
B Hafen
C Kröpeliner Tor
D Universitätsplatz
E Kloster zum Heiligen Kreuz
F Rathaus
G Marienkirche
H Stadtmauer
I Nikolaikirche
J Petrikirche

Die astronomische Uhr läuft seit 1472

## Nikolaikirche ❶

An der Stadtmauer mit Schieß-
scharten und achteckigem Lage-
buschturm entlang kommt man
zum Kuhtor aus dem 13. Jh. und
von dort zur Nikolaikirche, einer
der ältesten gotischen Hallenkir-
chen im Ostseeraum. Nach der Zer-
störung im Zweiten Weltkrieg und
der Rekonstruktion in den 1970er-
Jahren wird sie jetzt als Wohnhaus
und Veranstaltungszentrum genutzt (nur im Rahmen von Veranstaltungen geöffnet).

## Petrikirche ❼

Auf dem Hochufer der Warnow erhebt sich die Petrikirche, auch sie
wurde aus Kriegstrümmern neu errichtet. Große Teile der Innenausstattung gingen 1942 bei Bomben-
angriffen verloren. 1994 bekam die
Kirche ihren gotischen Spitzhelm
zurück; jetzt ist das 117 m hohe
Wahrzeichen Rostocks wieder weithin sichtbar. Von oben hat man einen unvergesslichen Blick über die
alte Hansestadt (www.petrikirche-
Rostock.de, Turm Mai–Sept. tgl.
10–18, Okt.–April 10–16 Uhr).

## Außerhalb der Innenstadt
### Societät Rostock Maritim

Im ehemaligen Rostocker Schiff-
fahrtsmuseum befasst sich die am-
bitionierte Dauerausstellung mit
Handel und Schifffahrt zur Hansezeit, Seenotrettung und Dampfschifffahrt, dazu gibt es wechselnde
Sonderausstellungen zur Geschichte der Seefahrt (August-Bebel-Str. 1,
Tel. 03 81/857 97 11, www.srm-hro.
de, tgl. 10–16 Uhr).

schen Raum. Neben der Uhrzeit
zeigt sie Datum sowie Tierkreiszei-
chen, Wochentage und Mondpha-
sen an. Täglich um 12 Uhr zieht der
Apostelumgang oberhalb des Zif-
fernblatts die Besucher in den Bann
(Am Ziegenmarkt 4, www.marien
kirche-rostock.de, Mai–Sept. Mo–
Sa 10–18, So 11.15–17, sonst Mo–Sa
10–16, So 11.15–12.15 Uhr).

## Stadtmauer ❽

Bis zur Mitte des 14. Jh. wurde die
Rostocker Stadtmauer mit Türmen,
Wällen und Toren errichtet. Überdauert haben jedoch nur einige Teile dieser Stadtbefestigungen. Blickt
man vom Rathaus in Richtung Süden, sieht man das **Steintor**, das
einst südliche Haupttor der Stadt im
Stil der niederländischen Renaissance. In unmittelbarer Nähe befindet sich das **Ständehaus** Backstei-
nen, erbaut um 1890 im Stil des
Historismus, heute Sitz des Ober-
landesgerichts.

## Kunsthalle Rostock

Die Schwerpunkte der 1969 errichteten Kunsthalle Rostock bilden die deutsche und skandinavische Kunst des 20. Jhs. mit einer Sammlung des Usedomer Malers Otto Niemeyer-Holstein. Neben der Dauerausstellung gibt es regelmäßig Sonderausstellungen (Hamburger Str. 40, Tel. 03 81/381 70 00, www.kunsthalle rostock.de, Di–So 11–18 Uhr).

## Botanischer Garten

Ebenfalls in der Hamburger Straße und nicht weit von der Kunsthalle entfernt liegt der Botanische Garten, in dem 10 000 Pflanzen aus allen Teilen der Erde auf 8 ha gedeihen. Die Loki-Schmidt-Gewächshäuser mit tropischen und subtropischen Pflanzen dienen vornehmlich Forschung und Lehre, sodass sie nur eingeschränkt öffentlich zugänglich sind (www.garten.uni-ros tock.de, Freigelände: Mitte März–Nov. Di–Fr 7–18, Sa/So 9–18, Gewächshäuser Di–Do 10–12.30 und 13–15, Führungen: So 14 Uhr).

## IGA-Park

Aus dem ehemaligen IGA-Gelände (Richtung Warnemünde) ist ein Park mit Sport- und Spielmöglichkeiten geworden. Einen Liegeplatz in Schmarl hat das Traditionsschiff Typ Frieden, auf dem die Geschichte des Schiffbaus vom Einbaum bis zum stählernen Frachtschiff dokumentiert wird. Die Ausstellung macht beispielsweise mit Schwimmkränen und Dampfschleppern bekannt. Sehr ausführlich wird der Schiffbau der DDR beleuchtet

(Schmarl-Dorf 40, Tel. 03 81/ 12 83 13 64, www.schifffahrtsmuse um-rostock.de, Di–So 10–18 Uhr).

Zu den Attraktionen gehören außerdem Barfuß- und Trimm-Dich-Pfad, Minigolf und Miniaturpark. Den IGA-Park im Bereich der Hansemesse erreicht man mit der S-Bahn bis Lütten Klein, den Buslinien 31 und 35 oder dem Auto. (www. iga-park-rostock.de, April–Okt. tgl. 9–18, sonst 10–16 Uhr).

## Stasi-Gedenkstätte

Ein ganz dunkles Kapitel der DDR-Geschichte beleuchtet die Dokumentations- und Gedenkstätte in der ehemaligen Untersuchungshaftanstalt der Stasi. Bei den Führungen werden der Zellentrakt, die Dunkelzellen im Keller und die ständige Ausstellung gezeigt (Hermannstr. 34b, Anmeldung unter Tel. 03 81/ 498 56 51, www.bstu.bund.de).

### Info

**Tourist-Information**
- Universitätsplatz 6 | 18055 Rostock
- Tel. 03 81/381 22 22
- www.rostock.de

### Hotels

**Steigenberger Hotel Sonne ●●●**
Stilvolles Vier-Sterne-Haus, modernes Design, Panoramarestaurant und Havannabar, Wellnessbereich.
- Neuer Markt 2
- Tel. 03 81/497 30
- www.steigenberger.com/rostock

**Die Kleine Sonne ●●**
Wer etwas günstiger und gemütlicher wohnen möchte, findet bestimmt Gefal-

len an diesem stilvoll eingerichteten und zentral gelegenen 3-Sterne-Haus.

▮ Steinstr. 7
▮ Tel. 03 81/461 20
▮ www.die-kleine-sonne.de

## Restaurants

**Petrikeller** ●─●●

Deftige mecklenburgische Küche, vom Mittelalter inspiriert. Für den großen Hunger gibt es diverse rustikale Menüs. Mo geschl.

▮ Harte Straße 27
▮ Tel. 03 81/45 58 55
▮ www.petrikeller.de

**Silo 4** ●─●●

Im 7. Stock eines alten Hansespeichers mit toller Aussicht über den Stadthafen. Buffet bei dem man sich seine Favoriten selbst aussuchen kann, die dann in der Showküche zubereitet werden.

▮ Am Strande 3D
▮ Tel. 03 81/458 58 00
▮ www.silo4.de
▮ Restaurant: Di─Sa 18─24, Brunch: So 10─14, Bar: Do─Sa 18─2 Uhr

**Café in der Likörfabrik** ●

Beliebtes Café in der Nähe des Neuen Marktes. Gutes Frühstücksangebot, günstige Mittagsgerichte, große Terrasse mit Blick auf die Nikolaikirche.

▮ Grubenstr. 1
▮ Tel. 03 81/377 76 54

**Brauhaus Zum alten Fritz** ●

Zentrale Lage im Stadthafen. Kupferne Braukessel, rustikale Tische, Gerstensaft aus Stralsund, deftige Gerichte.

▮ Warnowufer 65
▮ Tel. 03 81/20 87 80
▮ www.alter-fritz.de

## Shopping

**Galerie Rostocker Hof**

40 Fachgeschäfte hinter historischer Fassade.

▮ Kröpelinerstr. 26─28
▮ Tel. 03 81/49 74 30
▮ www.rostocker-hof.de
▮ Mo─Sa 10─20 Uhr

## Am Abend

**Volkstheater Rostock**

Man hat die Wahl zwischen drei Spielstätten: Großes Haus, Theater am Stadthafen und Kleine Komödie in Warnemünde.

▮ Doberaner Str. 135
▮ Tel. 03 81/381 47 00
▮ www.volkstheater-rostock.de

**Café Central**

Beliebter gemütlicher Studententreff in zentraler Lage.

▮ Leonhardstr. 22
▮ Tel. 03 81/490 46 48

## Aktivitäten

**Hafenrundfahrt:** Mehrmals täglich legen die Schiffe verschiedener Anbieter vom Rostocker Stadthafen und vom Alten Strom in Warnemünde zu einer einstündigen Hafenrundfahrt ab. Die große Hafenrundfahrt dauert zwei Stunden und führt vom Rostocker Stadthafen zum Überseehafen, Fischereihafen und zum Jachthafen sowie nach Warnemünde zum Alten Strom sowie zum Passagierkai am Neuen Strom, wo man die Luxus-Kreuzfahrtschiffe bestaunen kann, und zum Fährhafen Hohe Düne (Anlegestellen, Abfahrtzeiten und Preise unter www.fahrgastschifffahrt-rostock-warnemuende.de und www.rostocker-flotte.de).

Tall Ship bei der Fahrt zur Hanse Sail in Warnemünde

## Veranstaltungen

▪ **Weihnachtsmärkte:** Zu Advent verwandelt sich Rostocks Innenstadt in einen der größten Weihnachtsmärkte Norddeutschlands. An allerlei Buden gibt es Kunsthandwerk, Glühwein, Weihnachtsgebäck und Rostocker

### Hanse Sail

Das größte maritime Ereignis in Mecklenburg-Vorpommern findet seit 1991 alljährlich in **Rostock** statt. Jeweils am ersten oder zweiten August-Wochenende erwartet die alte Hansestadt etwa eine Million Besucher. Großsegler und Traditionsschiffe, Windjammer und unzählige kleinere Segeljachten aus aller Welt verwandeln den Rostocker Stadthafen und **Warnemünde** in ein Meer von Segeln. Höhepunkt ist die  Schiffsparade am Samstag (www. hansesail.com).

Rauchwurst. Besonders stimmungsvoll ist der historische Weihnachtsmarkt im Kloster zum Heiligen Kreuz (www. rostocker-weihnachtsmarkt.de).

# *Warnemünde 2

Wenn Rostocker ins Seebad fahren, heißt ihr Ziel Warnemünde. Das Fischerdorf wurde 1323 nach Rostock eingemeindet, d. h. nach hanseatischer Manier gekauft, heute gehen beide nahtlos ineinander über. Vom  Zentrum Rostocks erreicht man das Seebad am besten mit der S-Bahn. Besonders am Alten Strom, der früheren Warnowmündung, findet man viel Atmosphäre: Giebelhäuser mit breiten Veranden, Fischerkaten, Galerien und urige Restaurants, die Seekiste oder Fischerklause heißen. An sonnigen Sommerwochenenden werden Sie aber wahrscheinlich nur langsam vorwärtskommen und vor den beliebtesten Fischbuden ein wenig Schlange stehen müssen, denn Warnemünde ist nicht nur bei Urlaubern sondern auch bei Tagesausflüglern beliebt. Besonders groß  ist der Trubels während der Warnemünder Woche im Juli bei Segelregatten, Strandpartys und Kultur (www.warnemuender-woche.com).

Das ansehnliche Gebäudeensemble von Leuchtturm und Restaurant »Teepott« komplettieren das bunte Bild des Seebads (Seepromenade 1, Tel. 03 81/548 45 88, www.teepottrestaurant.de).

## Leuchtturm

Das Wahrzeichen von Warnemünde, den 1897 aus weiß glasierten Ziegelsteinen erbauten Leuchtturm, sieht man schon von Weitem. Wer sich die Mühe macht, die Stufen bis zur Galerie zu erklimmen, hat den gesamten Ort und den Strand im Blick (Mai–Sept. tgl. 10–19 Uhr).

Die Hafeneinfahrt ist durch die Ost- und Westmole geschützt, die rund einen halben Kilometer ins Meer reichen. Durch diese schmale Einfahrt müssen auch die großen Skandinavienfähren und Luxusliner auf Kreuzfahrt – immer wieder ein imposantes Schauspiel.

## Strandpromenade

Der teilweise bis zu 100 m breite Sandstrand lässt nichts zu wünschen übrig. Kein Wunder, dass in Warnemünde schon seit knapp 200 Jahren gebadet wird. Wer nicht nur am Strand faulenzen möchte, kann auf der breiten Seepromenade flanieren und sich Kurhaus und Kurgarten oder das Heimatmuseum in einem der typischen alten in Fachwerk errichteten Fischerhäuser anschauen (Alexandrinenstr. 31, www.heimatmuseum-warnemuende.de).

## Edvard-Munch-Haus

Der bekannteste norwegische Maler und Wegbereiter des Expressionismus hat 1907 und 1908 einige Zeit in verschiedenen Warnemünder Häusern verbracht. Das sogenannte Edvard-Munch-Haus ist eines der wenigen noch erhaltenen Fischerhäuser und lässt sich ins 17. Jh. zurückdatieren. Wechselnde Ausstellungen erinnern an Munchs Zeit in Warnemünde, außerdem dient das Haus als Begegnungsstätte für deutsche und norwegische Künstler (Am Strom 53, www.edvardmunch-haus.de, Do 11–17 Uhr).

## Marine Science Center

Vom Sonnendeck des Institutsschiffs kann man die wissenschaftliche Arbeit und das tägliche Training mit den Seehunden verfolgen. Wer »Seehunde hautnah erleben« möchte, sollte sich rechtzeitig anmelden (Am Jachthafen 3A, Hohe Düne, www.marine-science-center.de, Tel. 03 81/50 40 81 81, April–Okt. tgl. 10–16, Nov. Do–So 10–16 Uhr). Genauso wie zum »Schwimmen und Tauchen mit Seehunden« (Dive Center Rostock, Tel. 03 81/50 40 80 20).

### Info

**Tourist-Information**

▪ Am Strom 59 | 18119 Warnemünde
▪ Tel. 03 81/54 80 00
▪ www.rostock.de

Und kein Ende in Sicht: Sandstrand von Warnemünde

## Hotels

**Yachthafenresidenz Hohe Düne** ●●●
Großes Hotel direkt an Ostsee und
Warnowmündung, mit eigener Marina,
Wasser- und Tauchsportschule sowie
großem SPA- und Wellnessbereich.
- Am Yachthafen 1–8
- Tel. 03 81/504 00
- www.hohe-duene.de

**Hotel Fischerhus** ●●
Historisches Fischerhaus mit moderner
Einrichtung, bietet sich vor allem für
Familien an. Am Brunnen im Innenhof
hat sich früher der ganze Ort mit Trink-
wasser versorgt.
- Alexandrinenstr. 124
- Tel. 03 81/54 83 10
- www.hotel-fischerhus.de

## Restaurants

**Chezann** ●●●

**Erst-klassig** Viel gelobtes Feinschmeckerlokal in ele-
gantem Ambiente. Mo geschl.
- Mühlenstr. 28
- Tel. 03 81/510 71 77
- www.chezann.de

**Herbert's** ●●
Auf der Mittelmole mit Cocktaillounge
und Terrasse zum Alten Strom.
- Am Bahnhof 1 c
- Tel. 03 81/440 55 33
- www.herberts-warnemuende.de

**Seekiste zur Krim** ●
Köstliche regionale Küche. Mo geschl.
- Am Strom 47
- Tel. 03 81/521 14
- www.seekiste-zur-krim.de

**Fischerklause** ●
Hübsch mit Schiffsmodellen und Fischer-
netzen eingerichtete Kneipe.
- Am Strom 123
- Tel. 03 81/525 16
- www.fischer-klause.de

# Graal-Müritz 3

Auch der kleine, beschauliche Dop-
pelort darf sich Ostseeheilbad nennen. Neben dem Sandstrand ist die
1993 fertig gestellte Seebrücke die
Attraktion. Zur Erinnerung an die

Einweihung findet jährlich im Juli ein Seebrückenfest mit Feuerwerk statt. Direkt im Ort befindet sich der 4,5 ha große Rhododendronpark mit etwa 2500 Pflanzen. Zur Blüte im Mai feiert Graal-Müritz das Rhododendronparkfest mit Konzerten, Ausstellungen und Lesungen.

### Info

**Touristinformation**
▪ Haus des Gastes
▪ Rostocker Str. 3 | 18181 Graal-Müritz
▪ Tel. 03 82 06/70 30
▪ www.graal-mueritz.de

### Aktivitäten

**Aquadrom**
 Die Alternative für schlechtes Wetter: Wasserwelt, Sauna, Fitness, Wellness, Gastronomie.
▪ Buchenkampweg 9
▪ Tel. 03 82 06/879 00
▪ www.aquadrom.net
▪ Tgl. 9.30–21.30 Uhr

# Ausflüge von Graal-Müritz

## Jagdschloss Gelbensande 4

Anfang der 1880er-Jahre gab Großherzog Friedrich Franz III. ein sommerliches Jagdhaus in Auftrag. Es wurde zum Vorbild für das größere Schloss Cecilienhof in Potsdam. Ein Besuch führt durch zwölf originalgetreu eingerichtete Räume (Am Schloss 1, Tel. 03 82 01/77 35 35, www.jagdschloss-gelbensande.de, tgl. 11–17 Uhr).

## Rostocker Heide

Der Name führt in die Irre, denn die Rostocker Heide nordöstlich der Hansestadt ist der größte Küstenwald Deutschlands. Er besteht je zur Hälfte aus Laub- und Nadelbäumen und ist durchzogen von Mooren, Schilfgebieten und Wiesen.

Mehr als 60 km ausgeschilderte Wege führen durch die Rostocker Heide, so auch der Ostseeküstenradweg von Hohe Düne nach Graal-Müritz. Ein 26 km langer Rundweg führt von Graal-Müritz über Klockenhagen und das Jagdschloss Gelbensande nach Wiethagen und dann zurück an die Küste.

Das Informationszentrum »Wald und Moor« präsentiert sehenswerte Ausstellungen zur Natur, über die Entstehung des Ribnitzer Großen Moores und die Torfgewinnung. In Aquarien und Terrarien sind einheimische Tiere zu beobachten. Gleich vor der Tür beginnt ein Naturpfad (Ribnitzer Landweg 3, Ribnitz-Damgarten, Ortsteil Neuheide, Tel. 03 82 06/144 44, www.ribnitz-damgarten.de, April–Okt. tgl. 10–17 Uhr).

## Ribnitz-Damgarten 5

Die Recknitz mit ihrer sumpfigen Flussniederung bildet die Grenze zwischen Mecklenburg und Pommern. Die beiden Städte Ribnitz (in Mecklenburg) und Damgarten (in Pommern) wurden 1950 zur Doppelstadt Ribnitz-Damgarten zusammengelegt (15 000 Einw.).

In Ribnitz blieb von der einst mächtigen Stadtbefestigung das

Rostocker Tor aus dem 13. bzw. 15. Jh. erhalten. Die gotische Kirche St. Klaren gehört wie das Dominahaus mit Bernsteinmuseum zum ehemaligen Klarissinnenkloster, das Herzog Heinrich II. von Mecklenburg 1323 gründete. Zum Inventar zählen die Ribnitzer Madonnen, kostbare Holzskulpturen aus dem 15. Jh.

Wer Freude an fossilen Harzen hat, der kommt bei einem Besuch im *Deutschen Bernsteinmuseum voll auf seine Kosten. Das Gold des Meeres schimmert in all seinen Farben – von milchig-gelb über braunrot bis zu honiggelb, rau und unbearbeitet, geschliffen und poliert. Hier erfährt man alles Wissenswertes zu Herkunft, Fund und Abbau, Verwendung, Bearbeitung sowie über Aberglauben. Dass Bernstein relativ weich und leicht zu bearbeiten ist, zeigt sich an fein geschnitzten Tieramuletten oder Rosenkränzen, Schiffsmodellen, Schatullen und Schachfiguren. In der Schauwerkstatt wird das Bearbeiten von Bernstein vorgeführt, man kann auch selbst Hand anlegen. Wem der Schmuck gefällt, findet im Museumsshop schöne Stücke (Im Kloster 1–3, Tel. 038 21/46 22, www.deut sches-bernsteinmuseum.de, März– Okt. tgl. 9.30–18, Nov.–Febr. Di–So 9.30–17 Uhr).

**Erst-klassig**

Millionen Jahre in Bernstein überdauert

## Info

### Stadtinformation
- Am Markt 14
- 18311 Ribnitz-Damgarten
- Tel. 038 21/22 01
- www.ribnitz-damgarten.de

## Hotel

### Perle am Bodden ●●
Das Stadtzentrum ist gut zu Fuß zu erreichen, trotzdem genießt man von vielen Zimmern einen schönen Blick auf den Ribnitzer See, der Teil des Saaler Boddens ist.
- Fritz-Reuter-Str. 14/15
- Tel. 038 21/21 48
- www.perle-a-b.de

# Ausflüge von Ribnitz-Damgarten

## Landschaftsschutzgebiet Recknitztal

(Rad-)Wanderwege führen zu ruhigen Dörfern mit Feld- oder Backsteinkirchen, zur Ostsee und zum Landschaftsschutzgebiet Recknitztal, wo Fischotter, Milane, Falken und Schellenten leben. Eine schöne, 37 km lange Tagestour mit dem Rad beginnt im Hafen von Damgarten und führt über Daskow, Pantlitz, Gruel, Camitz, Marlow, Jahnkendorf, Carlewitz, Freudenberg und Ribnitz zurück zum Ausgangspunkt (Infos: www.fischland-darss-zingst. de).

## Freilichtmuseum Klockenhagen 6

5 km westlich von Ribnitz-Damgarten kann man sich ins Landleben von anno dazumal hineinversetzen: Im Freilichtmuseum Klockenhagen stehen niederdeutsche Hallenhäuser neben Wohnkaten, Scheunen, Spritzen- und Backhaus sowie eine Bockwindmühle. In der Handwerkerscheune kann man beim Filzen, Spinnen, Weben und Stricken zusehen. Dorfladen und Gaststätte komplettieren das Angebot (www.frei lichtmuseum-klockenhagen.de, Juni–Sept. tgl. 10–18, April/Mai, Okt. bis 17 Uhr).

## *Bad Sülze 7

20 km südöstlich von Ribnitz-Damgarten lohnt ein Abstecher nach *Bad Sülze (1700 Einw.), dem ältesten Sol- und Moorbad in Norddeutschland. Die **Solequellen** hier werden seit dem Mittelalter genutzt. 1822–24 entstand das klassizistische **Kurhaus**. Seither wird in Sole gekurt, seit 1901 auch im Moorbad. Sehenswert sind die Torflorenbahn vom Moor zum Sanatorium und der **Kurpark**. Letzterer ist mit über 300 Dahliensorten im Spätsommer ein Blütenmeer (Dahlienfest im September).

Das in Mecklenburg-Vorpommern einmalige **Salzmuseum** befindet sich im früheren Amtshaus der Großherzoglichen Saline, einem Fachwerkbau von 1759. Gezeigt werden die Salinen- und Kurgeschichte des Ortes, die Funktion eines Gradierwerkes und die Herstellung von Speisesalz. Im Juli wird das Salzfest gefeiert. (Saline 9, www. stadtbadsuelze.de, Mai–Okt. Di–Fr 10–12, 14–16.30, Sa/So 14–16 Uhr, Nov.–April Di–Fr 10–12, 14–16, So 14–16 Uhr).

## Barth 8

Manche Städte übersieht man aufgrund ihrer Lage leicht, so auch die 1232 erstmals erwähnte romantische Hafenstadt Barth (8700 Einw.). Ein kurzer Aufenthalt lohnt jedoch. Die im 13. Jh. erbaute backsteinerne **Marienkirche** wirkt mit ihrem 87 m hohen Turm wie eine Kathedrale. Das Innere der frühgotischen, dreischiffigen Hallenkirche wurde nach Plänen von Friedrich August Stüler 1856 neogotisch umgestaltet. Zu den Schätzen der Kirche gehört die erste in Barth gedruckte niederdeutsche Lutherbibel von 1588, die im **Bibelzentrum St. Jürgen** ausgestellt ist (Sundische Str. 52, Di–Sa 10–18, So 12–18 Uhr). In norddeutscher Backsteinbauweise errichtet sind neben Bürgerhäusern auch Reste der Stadtbefestigung: das hübsche **Dammtor** (1357) und der **Fangelturm** aus dem 16. Jh.

### Info

**Barth-Information**
- Am Markt 3–4 | 18356 Barth
- Tel. 03 82 31/24 64
- www.stadt-barth.de

Strandhotel Dünenmeer: Alles perfekt für einen erholsamen Wellnessurlaub

## Hotel

### Hotel Speicher Barth ●●—●●●

!n einem ehemaligen Kornspeicher verbirgt sich ein modernes 4-Sterne- Hotel; edle Zimmer, Appartements und Suiten.

▪ Am Osthafen 2
▪ Tel. 03 82 31/633 00
▪ www.speicher-barth.de

## *Wustrow 9

In Wustrow (1150 Einw.) erinnern viele reetgedeckte Kapitänshäuser und Katen an die Zeit der Segelschifffahrt. Die einst verbreiteten und von Boddenfischern benutzten Zeesenboote mit ihren markanten braunen Segeln sind heute eher Liebhaberstücke. Im Sommer werden vom Hafen aus Rundfahrten  auch mit Zeesenbooten auf dem Bodden angeboten. Im boddenseitigen Ortsteil Barnstorf stehen noch viele schöne alte Bauernhöfe. In der rohrgedeckten **Kunstscheune** sind Werke norddeutscher Künstler aus-

gestellt (www.kunstscheune-barnstorf.de, Mai–Mitte Okt. tgl. 10–13, 15–18, Ostern, Weihnachten tgl. 11–17 Uhr).

## Info

### Kurverwaltung Wustrow

▪ Ernst-Thälmann-Str. 11
▪ 18347 Wustrow
▪ Tel. 03 82 20/251
▪ www.ostseebad-wustrow.de

## Hotel

### Strandhotel Dünenmeer ●●●

Unmittelbar hinter dem langen Sandstrand liegt das Hotel Dünenmeer. Es wurde bereits mehrfach als bestes  Wellnesshotel in Mecklenburg-Vorpommern ausgezeichnet. Familien kommen perfekt nebenan unter im Schwesterhotel Fischland z.B. mit einem eigens für Kinder angerichteten Frühstücksbüffet, großem Sport- und Spielangebot.

▪ Birkenallee 20 | 18347 Dierhagen
▪ Tel. 03 82 26/50 10
▪ www.strandhotel-ostsee.de

# *Ahrenshoop 🔟

Kapitäns-, Matrosen- und Fischerhäuser bestimmen auch im Ostseebad Ahrenshoop (630 Einw.) das Straßenbild. Das Bad machte sich als Künstlerkolonie einen Namen. Um 1900 entdeckte der Maler Paul Müller-Kaempff den weltabgeschiedenen Flecken. Ihm sollten später viele andere Künstler folgen. Müller-Kaempff ließ in der **Dorfstr. 18** sein Wohnhaus und Atelier, in der **Dorfstr. 35** für seine Schüler die St.-Lukas-Pension errichten. Steilufer, Sanddünen, bizarre Bäume und geduckte Katen wurden auf Leinwand und Papier gebannt. Als Ausstellungsräume entstanden der **Kunstkaten** mit reetgedecktem Krüppelwalmdach und die **Bunte Stube**, in der heute Keramik verkauft wird.

Zu den Malern der Kolonie gesellten sich Schriftsteller und Musiker wie Bertolt Brecht, Anna Seghers und Hanns Eisler, zudem namenlose Gäste und Spitzen von SED und DDR-Regierung. Von der Aura einer Künstlerkolonie zehren die Ahrenshooper noch heute. Wer die Landschaft am Saaler Bodden, den endlosen Sandstrand bis zum Darßer Ort, die Verkaufsgalerien oder das Ahrenshooper Holz, ein fast 400 Jahre altes Waldgebiet am Ortsrand, etwas länger genießen möchte, sollte Quartier nehmen.

Seit September 2013 kann Ahrenshoop mit einem **Kunstmuseum** von überregionaler Bedeutung aufwarten. Das Haus präsentiert Werke von Mitbegründern der Künstlerkolonie Ahrenshoop, von Paul Müller-Kaempff, Friedrich Wachenhusen oder Elisabeth von Eicken. Darüber hinaus werden Künstler der Klassischen Moderne von Marianne von Werefkin über Lyonel Feininger, Max Pechstein, Max Kaus bis zu Ernst Wilhelm Nay präsentiert. Werke von DDR-Künstlern finden hier ihren Rahmen ebenso wie die Gegenwartskunst. Außerdem gibt es regelmäßig Wechselausstellungen. Mit einem Investitionsvolumen von 7,7 Mio. Euro gehört das Museum zu den größten Investitionen im Kunstbereich Mecklenburg-Vorpommerns (Weg zum Hohen Ufer 36, Tel. 03 82 20/667 90, www.kunstmuseum-ahrenshoop.de, tgl. 11–18 Uhr).

## Info

**Kurverwaltung**
- Kirchnersgang 2 | 18347 Ahrenshoop
- Tel. 03 82 20/66 66 10
- www.ahrenshoop.de

## Hotels

**Der Fischländer ●●●**
Haus mit hellen Zimmern und Balkon. Wer will, kann sich auch in einem reetgedeckten Ferienhaus einmieten.
- Dorfstr. 47 e
- Tel. 03 82 20/69 50
- www.hotelderfischlaender.de

**Morgensünn & Susewind ●●**
Zwei Landhäuser in ruhiger Boddenlage mit Appartements, Suiten und Doppelzimmern. Pool, Sauna, Wellnessprogramm und Restaurant »Am Kiel«.
- Bauernreihe 4 b
- Tel. 03 82 20/64 10
- www.landhaus-morgensuenn.de

# »Baden ohne« oder die Freiheit nackt zu sein

Wahre Badeparadiese finden FKK-Anhänger auf dem Darß, auf Rügen oder Usedom. Nacktbaden war zu DDR-Zeiten sehr beliebt und populärer als heutzutage, ist aber nach wie vor an der Ostseeküste weit verbreitet. Auch wenn inzwischen viele FKK-Strände in abgelegenere Bereiche verbannt wurden.

### Natürlich …

… begann alles am Strand des Künstlerorts **Ahrenshoop** › S. 80, obwohl das *Schwedisch-Baden* bereits um 1900 die Ostseeküste erreicht hatte und Freikörperkultur seit den 1920er-Jahren ein Begriff war. Als DDR-Innenminister Willi Stoph 1954 das Nacktbaden verbieten wollte, schlug ihm ein Sturm der Entrüstung entgegen. Besonders

heftig waren die Proteste der Ahrenshooper – darunter hohe Funktionäre, sodass die Regierung 1956 speziell markierte Nacktbadestellen erlaubte. Bald war FKK in der DDR eine Massenbewegung. Unter dem Titel »Baden ohne« erschien 1982 ein Reiseführer mit rund 40 offiziellen FKK-Stränden.

### Ideal …

… für Nackedeis sind ein Dutzend Strände auf **Rügen** › S. 88, wie zwischen Glowe und Kap Arkona, in Thiessow, Sellin und Binz.

Auf **Usedom** › S. 121 sind zwischen Bansin und Ückeritz eine Reihe schöner FKK-Strände ausgewiesen. Auf dem Festland steht »Baden ohne« in **Warnemünde** › S. 73 und **Boltenhagen** › S. 47 hoch im Kurs.

Die Seemannskirche in Prerow mit einer barocken Taufkapelle und Votivschiffen

**Grand Hotel & Spa Kurhaus Ahrenshoop** ●●●

Luxushotel mit Schwerpunkt auf Wellness. 2012 zu Deutschlands »Best Relaxation Resort« gewählt. Alle Zimmer mit Balkon bzw. Terrasse. Barrierefreier Zugang.

▪ Schifferberg 24
▪ Tel. 03 82 20/67 80
▪ www.kurhaus-ahrenshoop.de

**Romatik Hotel Namenlos** ●●–●●●

Erst-!
klassig

Die Ahrenshooper Institution ist bekannt für ihre erlesene landestypische Küche und bietet auch gemütliche Zimmer.

▪ Am Schifferberg 2
▪ Tel. 03 82 20/60 60
▪ www.hotel-namenlos.de

**Shopping**

**Bunte Stube**

Die bunte Stube hat sich schon seit vielen Jahrzehnten im Ahrenshooper Dorfleben etabliert und ist nicht nur Laden, sondern auch ein kleines Kulturzentrum und lokaler Treffpunkt. Der Verlag Bunte Stube gibt Regionalpublikationen heraus. Sie kann man hier ebenso kaufen wie Keramik und Souvenirs.

▪ Dorfstraße 24
▪ Tel. 03 82 20/238
▪ www.bunte-stube.de

# Darß 🔟

Das ausgedehnte Bade-, Wander- und Radlerparadies gehört größtenteils zum **Nationalpark Vorpommersche Boddenlandschaft**. Was der Mahlstrom der Ostsee am Fischland abreißt, lässt er an der Nordküste des Darß wieder liegen. Hier trifft man auf kleine Dünen und sumpfige Wasserarme in einem reizvollen Terrain mit Moorbirken und Erlen.

Was Geografen als eiszeitliche Ablagerungen ausmachen, ist im Süden von Fichten, Buchen und

Sandbirken bewachsen. Hier liegt auch das Dörfchen **Born** mit seiner Holzkirche und bunten Reetdachhäusern. Der **Darßer Wald,** eine **Erst-klassig** Wildnis aus Sümpfen, Mooren, Seen und Wäldern, erstreckt sich über 6000 ha. In **Wieck** macht die Darßer Arche mit diesem Ökosystem bekannt (www.darsser-arche.de, Mai–Okt. tgl. 10–18, sonst Do–Sa 10–16 Uhr).

### Info

**Kurverwaltung**
- Chaussestr. 73 b | 18375 Born
- Tel. 03 82 34/504 21
- www.darss.org

## Prerow

Das größte Seebad auf dem Darß ist Prerow (1500 Einw.), das wegen seines Sandstrandes und als FKK-Bad gerühmt wird. Die Richtung Zingst gelegene **Seemannskirche** (18. Jh.) präsentiert sich mit barocker Innenausstattung und vielen alten Schiffsmodellen, die als Votivgaben zum Dank für die Rettung aus Seenot gestiftet wurden (Mo–Sa 10–18, So 13–18 Uhr). Das **Darß-Museum** (Waldstr. 48, Tel. 03 82 33/697 50, Mai–Okt. Di–So 10–18, sonst Fr–So 13–17 Uhr) hebt Land und Leute aus dem Dunkel der Geschichte – im Mittelpunkt steht die Schifffahrt. Vom Hafen kann man zu Boddenrundfahrten starten. Zu Fuß, per Rad oder Kutsche gelangt man zum **Darßer Ort** mit einem **Leuchtturm** von 1848, von dessen Aussichtsplattform man einen spektakulären Rundblick hat. Und hier hat auch

das **Natureum** des Deutschem Meeresmuseums seinen Sitz. Es informiert über die Geschichte des Leuchtfeuers und vermittelt einen lebensnahen Eindruck von Flora und Fauna des umliegenden Nationalparks Vorpommersche Boddenlandschaft.

### Info

**Kur- und Tourismusbetrieb Prerow**
- Gemeindeplatz 1 | 18375 Prerow
- Tel. 03 82 33/61 00
- www.ostseebad-prerow.de

### Hotel

**Hotel Haus Linden** ●●
Ruhig gelegenes Haus mit vegetarischem Restaurant. Auf Wunsch werden auch vegane und glutenfreie Gerichte zubereitet. Helle Zimmer. Sauna.
- Gemeindeplatz 3
- Tel. 03 82 33/636
- www.haus-linden.de

### Camping

**Regenbogen Resort Prerow**
Mit rund 800 Stellplätzen einer der größten und bekanntesten Ganzjahresplätze direkt an der deutschen Ostseeküste. Kinderanimation, eigene Bäckerei.
- Bernsteinweg 4–8
- Tel. 03 82 33/331, 04 31/237 23 70
- www.regenbogen-camp.de

### Restaurants

**Landhaus Lange** ●●
In der rustikalen Gaststube mit Terrasse werden Mecklenburger Spezialitäten aufgetischt. Auch einfache Zimmer.
- Lange Str. 9
- Tel. 03 82 33/601v53
- www.landhaus-lange.m-vp.de

**Voß's Gute Stube** ●
In Wald- und Strandnähe; ausgezeichnete Hausmannskost. Die Besitzer vermieten auch Zimmer und Ferienwohnungen.
▪ Villenstr. 6
▪ Tel. 03 82 33/601 36
▪ www.pension-voss-prerow.eu

# *Nationalpark Vorpommersche Boddenlandschaft ⓭

Am Prerow-Arm, dem früheren Wasserlauf zwischen Darß und Zingst, gehen die beiden Teile der Halbinsel kaum spürbar ineinander über. In Frühjahr und Herbst gesellen sich Tausende von Kranichen und Wildgänsen zu Brachvogel, Fisch- und Schlangenadler. Kegelrobben sind häufig zu Gast, Fischotter und Schweinswale hingegen machen sich rar. Im Herbst kann es mitunter ziemlich laut werden,

**Erst-klassig**

denn dann tröten nicht nur die Kraniche, im September beginnt deutlich hörbar die Brunft der Hirsche. Der Nationalpark Vorpommersche Boddenlandschaft mit seiner vielfältigen Fauna aber auch Flora erstreckt sich über Ostsee- und Boddengewässer sowie Landflächen der Halbinsel Darß-Zingst bis nach Hiddensee. (Nationalparkamt Vorpommern, Im Forst 5, 18375 Born, Tel. 03 82 34/50 20, www.national park-vorpommersche-bodden landschaft.de).

# Zingst ⓮

Wenn von Stränden die Rede ist, darf bei der Aufzählung der 12 km lange, feinsandige Strand des Ostseeheilbades (3000 Einw.) nicht fehlen. Das einstige Fischerdorf hat mittlerweile kleinstädtische Züge, das Angebot an Gästebetten beläuft sich auf 10 000. Etliche Hotels und

**Erst-klassig**

Tief einatmen: Im Darßer Wald geht immer eine frische Brise

Fachkliniken haben sich auf Kuranwendungen und Wellnessangebote spezialisiert. Im Jahr 2000 wurde das **Kurhaus** an der Seebrücke wiedereröffnet, in dem Ausstellungen und Veranstaltungen stattfinden. Über die Ortsgeschichte informiert das **Heimatmuseum** im denkmalgeschützten Haus Morgensonne. Sehenswert ist die **Kirche** (1860–1862) von Schinkel-Schüler Friedrich August Stüler. Im Hafen kann man zu Fahrten nach Hiddensee und über den Bodden an Bord gehen.

Geduld braucht man, um vom **Pramort**, am Ostzipfel der Halbinsel, alles zu beobachten, was schnattert, klappert, zirpt und singt. Zur Zeit der Kranichzüge von Anfang September bis Anfang November werden z. B. Abendführungen zu den Schlafplätzen der Vögel angeboten.

### Info

**Kur und Tourismus GmbH**
- Seestr. 56 | 18374 Zingst
- Tel. 03 82 32/815 21
- www.zingst.de

### Hotels

**Hotel-Appartement Seebrücke** ●●
Familienfreundliches Quartier, rollstuhlgerecht, guter Service. Restaurant »Seepferdchen« mit Gartenterrasse. Unmittelbar hinter dem Deich gelegen, nur wenige Schritte vom Meer entfernt.
- Seestr. 53
- Tel. 03 82 32/840
- www.hotel-seebruecke.net

**Am Strand** ●●
Familiengeführtes Haus am Strandübergang 7. Im hauseigenen Restaurant

werden regionale Spezialitäten von Fisch und Wild aufgetischt – die Kräuter kommen aus dem eigenen Garten.
- Birkenstr. 21
- Tel. 03 82 32/156 00
- www.amstrand.de

### Die schönsten Nationalparks und Naturreservate

- Die kleine, unbewohnte **Insel Langenwerder** nordöstlich von Poel mit ihren Dünen und Salzwiesen ist für viele Seevögel ein wichtiger Brut- und Rastplatz › S. 55.
- Der **Nationalpark Vorpommersche Boddenlandschaft** zeigt anschaulich den Übergang zwischen Land und Wasser und ist ein bedeutender Kranichrastplatz › S. 84.
- Das **Biosphärenreservat Südost-Rügen** wird von hügeligen Schafweiden, vermoorten Niederungen und Salzwiesen geprägt › S. 94.
- Der **Nationalpark Jasmund** wartet mit der spektakulären Rügener Kreideküste auf › S. 96.
- Auf einem Spaziergang über die Magerwiesen im **Naturschutzgebiet Halbinsel Devin** bei Stralsund öffnet sich der Blick auf die Insel Rügen. Seltene Pflanzen- und Schmetterlingsarten leben hier. Außerdem ist Devin ein Rastplatz für Zugvögel › S. 109.
- Das **Naturschutzgebiet Greifswalder Oie** auf einem kleinen Eiland 12 km vor Usedoms Küste darf nur von wenigen Besuchern am Tag betreten werden, damit Ufer- und Mehlschwalben nicht beim Brüten gestört werden › S. 122.

# Rügen und Hiddensee

## Das Beste!

▮ **Mit dem Rasenden Roland** gelassen durch die
Wälder der Granitz zuckeln › S. 91

▮ **Speisen mit Meer- und Strandblick** auf der
Seebrücke von Sellin › S. 93

▮ **Auf den Spuren Caspar David Friedrichs** das Hochufer
der Kreideküste erwandern › S. 95

▮ **Die Aussicht vom Schinkel-Leuchtturm** am Kap
Arkona bewundern › S. 96

▮ **Die autofreie Ruhe** auf Hiddensee genießen › S. 98

**Rügen, Deutschlands größte Insel, ist mit malerischen Steilküsten und Buchten, schicken Badeorten und klassizistischen Baudenkmälern ein wahres Urlauberparadies. Mit mehr Ruhe und viel Natur punktet die autofreie Nachbarinsel Hiddensee.**

Rügen ist die vollkommene Symbiose von Land und Wasser. Das Meer zeichnete ein einzigartiges Bild aus kleinen Buchten und schmalen Halbinseln, weiten Stränden und und grandiosen Steilküsten. Die berühmten Kreidefelsen verewigte Caspar David Friedrich im Geist der Romantik des 19. Jh. Das Inselinnere prägen lichte Laubwälder, satte Felder und kleine Dörfer, Auch Kap Arkona, das Jagdschloss Granitz und das klassizistische Putbus haben ihren besonderen Reiz. Restaurierte Villen des Fin de Siècle und Ferienanlagen aus DDR-Zeit sind genauso gut besucht wie die zahlreichen modernen Resorts auf

Rügen. In der Vergangenheit staute sich am Rügendamm vor dem Strelasund der Verkehr mitunter kilometerlang. Die neue Rügenbrücke erleichtert vieles, doch in der Hochsaison stehen auf den schmalen Alleen nicht nur die Bäume still. Trotz allem, Rügen hat nach wie vor seine friedlichen Ecken, etwa im Biosphärenreservat Mönchgut oder im Nationalpark Jasmund.

Und das gilt noch mehr für Hiddensee, Rügens kleine Schwester. Das schmale Inselchen zieht vornehmlich Gäste an, die mit sich selbst und der Welt auch ohne Auto und glitzernde Seepromenaden zufrieden sein können.

# Tour in der Region

## Rügen-Rundfahrt

### Tour-Übersicht:

**Verlauf: Binz › Prora › Hagen › Königsstuhl › Victoriasicht › Putgarten › Kap Arkona › Bergen › Putbus › Sellin**

**Dauer: 1 – 2 Tage; 135 km**

**Praktische Hinweise:**
- Rügen ist so interessant, dass Sie am besten gleich zwei Tage für die Rundfahrt einplanen sollten.
- Wer oft halten möchte, sollte mit dem eigenen Auto oder Rad fahren.
- Wenn Sie nicht unterwegs übernachten wollen, können Sie – dank kurzer Wege auf der Insel – abends in Ihr Ferienquartier zurückkehren.

Ein Traum: kreideweiße Steilküste und türkisblaue Ostsee im Nationalpark Jasmund

## Tour-Start:

Vom Seebad *Binz › S. 91 aus ist schnell *Prora › S. 93 erreicht, unübersehbar zieht sich das Paradebeispiel des nationalsozialistischen Größenwahns 4 km an einem der besten Strände Deutschlands entlang. Über den Fährhafen Sassnitz gelangt man zum Großparkplatz Hagen, von dem Shuttlebusse zum **Königsstuhl › S. 96 pendeln. Nehmen Sie sich die Zeit und spazieren Sie auf dem Hochuferweg über der Kreideküste zur Aussichtskanzel Victoriasicht. Von Jasmund verläuft die Tour über die sanft geschwungene Landbrücke der Schaabe nach Putgarten auf der Halbinsel Wittow. Von dort bringt Sie eine Pferdekutsche oder die Elektrobahn zu den beiden Leuchttürmen am *Kap Arkona › S. 96. Beide Leuchtfeuer – der

Schinkelturm von 1826 und der noch aktive Leuchtturm von 1902 sind sehenswerte Museumsstücke. Mit der Wittower Fähre kommen Sie wieder zurück auf die Mutterinsel. In der Hauptstadt Bergen › S. 88 garantiert der Rugardhügel mit dem **Ernst-Moritz-Arndt-Turm ein weites Inselpanorama. In der Stadt lohnen der Marktplatz, die romanische *Marienkirche sowie das Stadtmuseum einen Besuch. Weiter südöstlich wartet in **Putbus › S. 90 ein klassizistisches Ensemble darauf, bestaunt zu werden. Das von 18 Gebäuden umstandene Rondell trägt den Namen Circus. Auf der 1998 nach historischem Vorbild rekonstruierten Seebrücke in *Sellin › S. 93 können Sie bei einem guten Abendessen die Rundreise dann ausklingen lassen.

# Unterwegs auf **Rügen

## Bergen 1

Rügens Hauptstadt (14 000 Einw.) liegt in der Inselmitte etwas im Windschatten der populären Seebäder. Sie ist das Verwaltungs- und Einkaufszentrum. Im Altstadtkern sind schöne Fachwerkhäuser zu entdecken. Die *Marienkirche wurde im 14. Jh. fertig gestellt: Backstein türmt sich über Feldstein, und Romanik verschmilzt mit Gotik. Wandmalereien von Paradies und Fegefeuer aus dem 12. Jh. bedecken den Chor. Von der Kirche geht man in 15 Min. zum 91 m hohen Ru-

gardhügel. Reste eines slawischen Burgwalls und der **Ernst-Moritz-Arndt-Turm mit bester Aussicht über die Insel lohnen den Weg.

### Info

▌ **Touristeninformation**
▌ Markt 23
▌ 18528 Bergen
▌ Tel. 038 38/81 12 76
▌ www.stadt-bergen-auf-ruegen.de

### Hotel

**Am Rugard** ●●
Im Grünen gelegenes Hotel mit freundlichen Zimmern. Im Hotelrestaurant gibt

## Touren in der Region

### Tour 9 — Rügen-Rundfahrt

Binz › Prora › Hagen › Königsstuhl › Victoriasicht › Putgarten › Kap Arkona › Bergen › Putbus › Sellin

### Tour 10 — Radtour: Von Stralsund nach Greifswald

Stralsund › Andershof › Brandshagen › Niederhof › Stahlbrode › Tremt › Gristow › Mesekenhagen › Greifswald

### Tour 11 — Radtour: Im Norden von Stralsund

Stralsund › Preetz › Altenpleen › Groß Mohrdorf › Kinnbackenhagen › Hohendorf › Prohn › Stralsund

es pommersche und internationale Spezialitäten, von der Caféterrasse hat man einen guten Ausblick auf den Ernst-Moritz-Arndt-Turm.

▪ Rugardweg 10
▪ Tel. 038 38/201 90
▪ www.rugard.de

##  6 **Putbus** 2

»Die weiße Perle« (4600 Einw.) hat mit reetgedeckten Fischerhütten oder dem kontemplativen Durcheinander der Bäderarchitektur wahrlich nichts gemein. Nachdem Fürst Wilhelm Malte I. von Putbus 1807 von Schwedens König Gustav IV. Adolf zum Fürsten ernannt worden war, erfüllte er sich mit der klassizistischen Residenzstadt einen lange gehegten Wunsch. Bis zur Mitte des 19. Jhs. entstand ein bemerkenswertes architektonisches Ensemble aus Schloss, Orangerie, Marstall, Theater, einem zur Kirche umfunktionierten Kurhaus und einem Park.

### SEITENBLICK

#### Störtebeker-Festspiele

Im Sommer finden auf der Naturbühne in **Ralswiek** am Großen Jasmunder Bodden die populären Störtebeker-Festspiele statt. Das Theaterstück über Deutschlands berühmtesten Piraten steht jedes Jahr unter einem anderen Motto, außer 150 Mitwirkenden und 30 Pferden sind auch vier Schiffe im Einsatz. Kinder haben an dem feuerwerksähnlichen Schlachtengetümmel garantiert ihre Freude (Infos und Karten: Tel. 038 38/ 311 00; www.stoertebeker.de).

Herzstück der Stadtanlage ist der **Erst- klassig** Circus, von schlichten klassizistischen Bürgerhäusern eingefasst. Nur das Schloss wurde 1962 abgerissen.

### Info

**Stadtinformation**
▪ Alleestr. 35 | 18581 Putbus
▪ Tel. 03 83 01/431
▪ www.putbus.de

### Hotel

**Wreecher Hof ●●**
Der Wreecher Hof bietet stilvoll möblierte Zimmer und Suiten in reetgedeckten Häusern. Mit großem Beauty- und Wellnessangebot.
▪ Kastanienallee
▪ Tel. 03 83 01/850
▪ www.wreecher-hof.de

### Veranstaltungen

**Theater Putbus**
Das Theater Putbus ist ein glänzend restauriertes klassizistisches Kleinod, das u. a. von der Theaterbühne Vorpommern bespielt wird.
▪ Markt 13
▪ Tel. 03 83 01/80 80
▪ www.theater-vorpommern.de

## Ausflug nach Vilm

Putbus verbindet eine 3 km lange Lindenallee mit dem am Rügischen Bodden gelegenen Ortsteil Lauterbach, den man auch mit der Schmalspurbahn **Rasender Roland** erreicht. In dem Hafenort ließ Fürst Malte I. 1818 ein Badehaus errichten, das 2007 als Wellnesshotel wiedereröffnete (Fürst-Malte-

Eine runde Sache: der Circus im alten Residenzstädtchen Putbus

Allee 1, Tel. 03 83 01/882 60, www. hotel-badehaus-goor.de), außerdem entstand eine beliebte Marina und eine richtige Wasserferienwelt (Im Jaich, Yachthafen 1, Tel. 03 83 01/ 80 90, www.im-jaich.de).

Vom Hafen fährt täglich ein Schiff zur Insel Vilm, einem Paradies für Vögel und Naturschutzreservat; die Insel ist nur im Rahmen einer rund dreistündigen Führung zu betreten, bitte rechtzeitig bei der Fahrgastreederei Lenz anmelden, da pro Tag nur eine begrenzte Besucherzahl auf die rund 100 ha große Insel darf (Tel. 03 83 01/618 96, www.vilmexkursion.de).

## **Binz 3

Der Ort (5100 Einw.) gilt als erste Adresse unter Rügens Seebädern. Er liegt malerisch zwischen Ostsee, Schmachter See und den Wäldern der Granitz. Nach Binz fährt man am besten mit der Schmalspurbahn **Rasender Roland (www.ruegen

sche-baederbahn.de), die mit Tempo 30 von Putbus über Binz und durch die Buchenwälder der Granitz nach Göhren schnauft. Als die Bahn Ende des 19. Jhs. fertig gestellt war, kamen immer mehr Urlauber. Hinter der kilometerlangen **Binzer Strandpromenade** und dem zauberhaften Sandstrand entfaltet die Bäderarchitektur ihre Pracht: Pompöse Hotels, klassizistische Pensionen und Fachwerkvillen mit verspielten Erkern, Türmchen, Veranden und Balkonen. Mondänes Beispiel ist die Fassade des Hotels Kurhaus Binz (1908) direkt an der 370 m langen Seebrücke. Aber in Binz kann man als Gast auch in modernen Wellnessoasen und extravaganten Designerhotels wohnen.

### Info

**Kurverwaltung**
- Haus des Gastes
- Heinrich-Heine-Str. 7 | 18609 Binz
- Tel. 03 83 93/14 81 48
- www.ostseebad-binz.de

**Fremdenverkehrsverein**
- Wylichstr. 13
- Tel. 03 83 93/66 57 40
- www.gastgeber-binz.de

## Hotels

**Travel Charme Kurhaus Binz** ●●●
Das 5-Sterne-Haus gilt als eine der besten Adressen in Deutschland. Den passenden Rahmen bietet das historische Kurhaus von 1908: Nostalgie aus der Kaiserzeit paart sich hier mit Eleganz und modernem Komfort.
- Strandpromenade 27
- Tel. 03 83 93/66 50
- www.travelcharme.com

**Hotel Am Meer** ●●●
Junges Hotel mit 60 Zimmern in modernem Design mit einladendem Spa-Bereich.
- Strandpromenade 34
- Tel. 03 83 93/440
- www.hotel-am-meer.de

**Strandhotel Binz** ●●
Ein Kleinod der Bäderarchitektur direkt an der Binzer Strandpromenade, mit einem hervorragenden Feinschmeckerrestaurant.
- Strandpromenade 33
- Tel. 03 83 93/38 10
- www.strandhotelbinz.de

**Hotel Merkur** ●●
Schöner Bau der Wende vom 19. Jh. zum 20. Jh., nur 100 m vom Strand entfernt. 20 klassisch mit Stilmöbeln eingerichtete Zimmer; Restaurant im Titanic-Look.
- Schillerstr. 15
- Tel. 03 83 93/13 50
- www.hotel-merkur-binz.de

## Restaurant

**Strandhalle** ●
Strandvilla am Ende der Promenade mit nostalgischem Flair. Das Restaurant bietet gute Fischküche. Ausgezeichnet mit dem Gütesiegel »So schmeckt Mecklenburg-Vorpommern«.
- Strandpromenade 5
- Tel. 03 83 93/315 64
- www.strandhalle-binz.de

# Ausflug nach Granitz

Die Buchenwälder der Granitz sind ein ideales Wanderrevier. **Erst-klassig** Ein Hochuferweg führt zum Seebad Sellin, Wanderwege zu den Megalithgräbern von Lancken-Granitz. 3 km südöstlich von Binz liegt auf dem 107 m hohen Tempelberg das **\*\*Jagdschloss Granitz** ☑, das man auch mit dem Rasenden Roland erreicht. Fürst Wilhelm Malte I. von Putbus (1783 – 1854) ließ es 1836 für seine Gäste errichten. Die vierflügelige Anlage erinnert an eine Burg; in ihrer Mitte erhebt sich ein 38 m hoher Aussichtsturm nach Plänen Schinkels mit einer filigranen gusseisernen Wendeltreppe.

# \*Prora ☑

Direkt am Strand der Prorer Wiek liegt der Koloss von Prora, ein Monumentalbau des Nationalsozialismus. 1936–1939 errichtet, sollte das »Kraft-durch-Freude«-Bad nach Fertigstellung 20 000 Urlauber beherbergen, ging jedoch nie in Betrieb. Die Gleichförmigkeit der größtenteils leer stehenden acht Bettenhäuser mit ihren sechs Stockwerken wirkt bedrückend. In dem denkmalgeschützten Komplex informiert ein Dokumentationszentrum über die Baugeschichte und die NS-Ideologie (www.dokumentationszentrum-prora.de). Nach der Wende war der Bund Eigentümer der Anlage und verkaufte sie ohne stringentes Konzept an Investoren. Einige haben sich an der Ruine versucht, aus den großen Plänen ist aber nie etwas geworden. Mittlerweile scheint es voranzugehen, denn in einigen ehemaligen KdF-Blöcken entstehen Eigentumswohnungen. Klangvolle Namen gibt es auch schon für die restaurierten und modernisierten Wohnhäuser: Alando Aqua, Aurora, Aurum, Eufora, Flora, Harmonia, Lido, Natura und Verando. Und ein Teil des riesigen Komplexes wird als Jugendherberge genutzt (http://prora.jugendherbergen-mv.de). Der langgezogene Sandstrand von Prora ist als öffentliches Badegelände außerordentlich beliebt.

Fein wie anno dazumal: Seebrücke Sellin

sie 394 m in die See hinaus. Man erreicht die Seebrücke per Fahrstuhl oder über die das Kliff hinunterführende breite Treppe namens Himmelsleiter.

## *Sellin

Neben Binz und Göhren ist Sellin das bekannteste Seebad der Ferieninsel. Lebensader des bis an die Steilküste heranreichenden Ortes ist die von der Bäderarchitektur geprägte Wilhelmstraße. Vom oberen Ende bietet sich ein fulminantes Panorama auf die Seebrücke und den Hauptstrand.

Die **Seebrücke** ist ein originalgetreuer Nachbau des durch Sturmfluten mehrfach zerstörten Vorgängers von 1906. 1998 eingeweiht, ragt

### Info

**Kurverwaltung**
- Warmbadstr. 4 | 18586 Sellin
- Tel. 03 83 03/160
- www.ostseebad-sellin.de

### Hotel

**Seeschloss Sellin** ●●—●●●
Gutes 3-Sterne-Haus mit über 100-jähriger Tradition in aussichtsreicher Lage hoch über dem Strand.
- Hochuferpromenade 7
- Tel. 03 83 03/15 60
- www.seeschloss-sellin.de

Erst-
klassig

### Restaurant

**Seebrücke** ●●
Eventlokal direkt auf der Seebrücke. Sehr beliebt für Hochzeitsfeiern.
- Tel. 03 83 03/92 96 00
- www.seebrueckesellin.de

# Göhren 7

Für eine Fahrt ins einstige Fischer- und Lotsendorf Göhren (1200 Einw.) bietet sich die Schmalspurbahn **Rasender Roland** an.

Die Entwicklung zum Seebad und Kneippkurort begann um 1880. Heute spielt sich der Badebetrieb vornehmlich am Nordstrand ab, den die hübsche Bernsteinpromenade säumt. Von der 280 m langen Seebrücke aus kann man zu Ausflügen nach Peenemünde oder zu den Kreidefelsen starten.

In Göhren und auf der *Halbinsel Mönchgut** kann man sich in nicht weniger als acht Museen über die Eigenarten der Region informieren (www.moenchguter-museen-ruegen.de).

## Info

**Kurverwaltung**
- Poststr. 9 | 18586 Göhren
- Tel. 03 83 08/667 90
- www.goehren-ruegen.de

Gemächlich reisen: »Rasender Roland«

# *Mönchgut 8

Mit ihren als Schafweiden genutzten sanft gewellten Hügeln und eingestreuten Dörfern ist die knapp 30 km² große Halbinsel Mönchgut, seit 1991 UNESCO-Biosphärenreservat Südost-Rügen, eine der landschaftlich reizvollsten Regionen der Insel. Der Name geht auf eine mittelalterliche Besitzung des Klosters Eldena zurück. Mit dem Biosphärereservat wurde ein Teil des nordostdeutschen Tieflands unter Schutz gestellt, das auf kleinstem Raum alle Landschafts- und Küstenformen des mecklenburg-vorpommerschen Küstenraums widerspiegelt. Land und Meer sind hier tief ineinander verzahnt (www.biosphaerenreservat-suedostruegen.de).

Erst-
klassig

Hauptort ist **Middelhagen** (590 Einw.), in dessen alter Dorfschule von 1825 heute ein Schulmuseum untergebracht ist (Juni–Aug. tgl. 10–17, Mai, Sept. tgl. 10–16 Uhr, April, Okt. Di–So 11–15 Uhr).

Der Weiler **Alt Reddevitz** wird wegen guter Fischlokale gern besucht. Auf einem Radweg lässt sich von dort über die wie ein Finger in den Rügischen Bodden ragende schmale Landzuge des Reddevitzer Höft fahren.

Weiter südlich ist der Weiler **Groß Zicker** ein beliebtes Ausflugsziel, von dem man zum aussichtsreichen **Bakenberg** (66 m) in den Zickerschen Bergen hinaufwandern kann. Am Ortsrand steht mit dem 1720 erbauten **Pfarrwitwenhaus** eines der meist fotografierten Inselwahrzeichen.

Von Lobbe aus erstreckt sich der Große Strand fast 5 km nach Süden bis zum Seebad **Thiessow**, von dessen Lotsenturm sich wunderbar die ganze Halbinsel überblicken lässt.

## Camping

### Campingplatz Thiessow

Beliebter Platz im Biosphärenreservat Südost-Rügen an einem schönen Sandstrand; Textil- und FKK-Bereich.

- Hauptstraße 4 | 18586 Thiessow
- Tel. 03 83 08/66 95 85
- www.ostseebad-thiessow.de/campingplatz.html

## Restaurant

### Kliesows Reuse ●●

 Das urige Scheunenlokal bietet Fisch aus Bodden und Ostsee sowie regionale Gerichte wie Aal süß–Sauer. Di Ruhetag.

- Dorfstr. 23 a | 18586 Alt Reddevitz
- Tel. 03 83 08/21 71
- www.kliesows-reuse.de

# Sassnitz 9

Der mit 9400 Einwohnern zweitgrößte Ort Rügens ist mit seinem Fährhafen nicht nur Deutschlands Tor nach Norden, sondern auch ein guter Ausgangspunkt für Touren zu den **Wissower Klinken** und zum **\*\*Königsstuhl im Nationalpark Jasmund** – entweder zu Fuß wie Caspar David Friedrich auf dem Hochuferweg oder zu Wasser; von der Ostsee genießt man den schönsten Blick auf die Steilküste.

Eine 278 m lange freischwebende Fußgängerbrücke verbindet den Rügenplatz im Ortskern, der auf dem 80 m hohen Hochufer liegt,

mit dem Stadthafen. Hier starten die Ausflugsschiffe zum Kap Arkona und zu anderen Orten auf Rügen. Interessant ist ein Besuch des britischen **U-Boots H. M. S. Otus** (1963) im Stadthafen (Tel. 03 83 92/315 16, www.hms-otus.com, April-Okt. tgl. 10–19, Nov.–März tgl. 10–16 Uhr). Vom Fährhafen Neu-Mukran südlich von Sassnitz legen die größeren Fähren und Kreuzfahrtschiffe ins Baltikum, nach Skandinavien und Russland ab.

## Info

### Tourist Service Sassnitz

- Strandpromenade 12 | 18546 Sassnitz
- Tel. 03 83 92/64 90
- www.insassnitz.de

## Hotels

### Kurhotel Sassnitz ●●

Haus mit maritimem Flair und großem Wellnessbereich.

- Hauptstr. 1
- Tel. 03 83 92/530
- www.kurhotelsassnitz.de

### Hotel Villa Aegir ●●●

Besonders schöne Lage, ideal, um den Nationalpark zu erkunden.

- Mittelstr. 5
- Tel. 03 83 92/30 20
- www.hotel-villa-aegir.de

### Hotel Schloss Spyker ●●●

Stilvolle Unterkunft in einem Renaissanceschloss 15 km westlich von Sassnitz in wunderbarer Alleinlage am Spyker See; frühzeitig buchen!

- Schlossallee 1 | 18551 Spyker
- Tel. 03 83 02/770
- www.schloss-spyker.de

## **Nationalpark Jasmund** 10

Deutschlands kleinster Nationalpark hat ganz Großes zu bieten. Er
umfasst eine spektakuläre Küsten-
landschaft mit rund 70 Mio. Jahre
alten Kreidefelsen sowie die urtüm-
lichen Rotbuchenwälder, die seit
2013 zum **UNSECO Weltnaturerbe**
zählen.

Die meisten der jährlich rund
300 000 Besucher wollen zum **\*\*Königsstuhl**, jenem 117 m hohen Aus-
sichtsbalkon mit dem ultimativen
Blick auf die Kreideküste. Vom
3 km entfernten Großparkplatz in
Hagen fahren Pendelbusse zum Nationalparkzentrum Königsstuhl, das
mit einer modernen Ausstellung
und multimedialen Erlebniswelten
auf 2000 m² über das Ökosystem
informiert, in Eiszeit, Kreidemeer,
Dachsbau, Baumkronen entführt
und Naturgewalten nachfühlbar
macht (www.koenigsstuhl.com, Ostern–Okt. tgl. 9–19, sonst 10–
17 Uhr, Zugang zum Königstuhl
nur durch die Ausstellung).

Frostschäden, Sturmfluten und
der Druck eiszeitlicher Gesteins-
schichten lassen jedes Jahr Teile der
Kreideküste ins Meer stürzen. Vor
Wanderungen am Strand und an
der Abbruchkante wird gewarnt.

## **\*Kap Arkona** 11

Vom Großparkplatz am Ortsrand
von Putgarten gelangt man mit
Elektrobahn, Pferdekutsche oder zu
Fuß zum 50 m hohen Kliff von Kap

Arkona. Den nördlichsten Punkt
der Insel markieren drei Türme. Der
gedrungene Backsteinturm wurde
1826–1829 nach Plänen Schinkels
erbaut. Zwei reich verzierte gusse-
serne Treppen führen zur Aussichtsplattform. Der dreigeschossige **Schinkel-Turm** beherbergt ein
Museum zur Geschichte der Seezeichen (Juni–Sept. tgl. 10–18, sonst
11–15 Uhr). 1902 wurde ihm ein
höheres **Leuchtfeuer** zur Seite gestellt, das bis heute in Betrieb ist.
Daneben gibt es noch den **Peilturm**,
dessen Glaskuppel einen guten
Blick auf den **Burgwall** der 1168 zerstörten slawischen Jaromarsburg
erlaubt (Juni–Sept. tgl. 11–17, sonst
11–16 Uhr).

### Info

**Infoamt Putgarten**
▪ Am Parkplatz 1 | 18556 Putgarten
▪ Tel. 03 83 91/41 90
▪ www.kap-arkona.de

## Ausflug nach Altenkirchen

Auf dem Weg zum Kap Arkona
lohnt ein Stopp in Altenkirchen. Im
ältesten Marktflecken auf Rügen,
steht die romanische **Pfarrkirche St.
Marien** mit einem frei stehenden
hölzernen Glockenturm aus dem
17. Jh. Die dreischiffige Basilika
stammt aus der Frühzeit der Chris-
tianisierung, wovon ein slawischer
Grabstein an der Außenwand zeugt.
Das Innere schmücken Wandmalereien, ein Taufstein aus dem 13. Jh.
sowie eine barocke Orgelempore.

# Bernstein, Hühnergott und Donnerkeil

Am Strand Muscheln zu sammeln ist ein beliebter Ferienspass – nicht nur für Kinder. Doch wie erkennt man Bernstein? Was ist ein Hühnergott? Vor allem bei Stürmen spült die Ostsee ihre Schätze an die Steilküsten von **Rügen** › S. 96, **Hiddensee** › S. 98 und **Usedom** › S. 121.

Oft findet man schwarz glänzende, messerscharfe Feuersteine, mit etwas Glück die mit Loch – **Hühnergötter**. Heute tragen Menschen sie als Talisman um den Hals. Der Magie verdanken die Lochsteine wohl auch ihren Namen: Früher hängte man einen oder mehrere an einer Schnur über das Tor zum Hühnerstall, um böse Blicke, Geister bzw. Füchse abzuwehren und das Federvieh beim Eierlegen anzufeuern.

Auch die trichterförmigen fossilen **Donnerkeile** haben ihren Platz im Volksglauben. Wegen ihrer länglichen Form hielt man sie für Geschosse aus Blitzen, die vor Hexenschuss schützen sollten. Aber es sind versteinerte Innenskelette von *Belemniten*, Kalamaren der Kreidezeit, die rund 70 Mio. Jahre alt sind.

Oft noch älter ist **Bernstein**, jener fossile Harzklumpen, der als Zeichen von Macht und Luxus schon früh zu Schmuck verarbeitet wurde. Roh lässt er sich kaum erkennen. Er ist leichter und wärmer als Glas oder Stein, klingt dumpfer und lädt sich statisch auf. Vorsicht geboten ist bei Peenemünde auf Usedom, denn hier werden immer noch gelbliche Phosphorstücke aus Brandbomben des Zweiten Weltkriegs gefunden. Einzigartige Strandfunde kann man im **Meeresmuseum Stralsund** › S. 105 bewundern.

## 9 Unterwegs auf *Hiddensee 12

Auf Hiddensee ist Hektik unbekannt, vier anmutige Dörfer und viel Natur versprechen ruhige Stunden. Das autofreie kleine Eiland an Rügens Westflanke misst von Nord nach Süd einen gemächlichen Tagesmarsch und ist stellenweise nur 125 m breit. Im Norden erhebt sich buckliges Hochland mit einer bis zu 70 m hohen Steilküste. Auf dem Dornbusch ragt Hiddensees **Leuchtturm, weiß mit dem roten Dach,** empor (tgl.10.30–16 Uhr). Der Süden der Insel dagegen ist nur ein schmaler Sandstreifen, der kaum aus der See herausragt. Dazwischen liegen Sumpfwiesen, Heideflächen mit dürren Kiefern und immer wieder Deiche. »Sötes Länneken«, süßes Ländchen, nennen die gut 1000 Hiddenseer ihre Heimat, die sie seit jeher mit Säbelschnäblern und Austernfischern teilen.

**Erst-klassig**

Der Autor Gerhart Hauptmann (1862–1946) entdeckte Hiddensee als Sommerrefugium und erwarb Haus Seedorn in Kloster, das heutige **Gerhart-Hauptmann-Haus** (Kirchweg 13, Tel. 03 83 00/397, www.gerhart-hauptmann.de, Mai–Okt. Mo–Sa 10–17, So 13–17, Jan.–April, Nov. Di–Sa 11–16 Uhr). Sein Grab ist auf dem Inselfriedhof zu finden.

### Info

▪ **Insel-Information Hiddensee**
▪ Norderende 162 | 18565 Vitte
▪ Tel. 03 83 00/64 20
▪ www.seebad-hiddensee.de

### Verkehr

**Reederei Hiddensee**
Fähren verkehren ganzjährig ab Schaprode und Stralsund.
▪ Tel. 038 31/268 10
▪ www.reederei-hiddensee.de

### Hotel

**Hotel Hitthim** ●●
Hübsch restauriertes Fachwerkhaus.
▪ Hafenweg 8 | 18565 Kloster
▪ Tel.03 83 00/66 60
▪ www.hitthim.de

### Restaurant

**Zum kleinen Inselblick** ●
Unbedingt die Aalsuppe probieren!
(April–Okt. geöffnet)
▪ Birkenweg 2 | 18565 Kloster
▪ Tel. 03 83 00/234

Entschleunigung auf Hiddensee

Eine Schau:
Stralsunds gotisches Rathaus

# Stralsund und Greifswald

## Das Beste!

- **Vom Turm der Stralsunder St. Marienkirche** Vorpommern rundum genießen › S. 106
- **In die Meereswelt** des Ozeaneums eintauchen › S. 107
- **Spaziergang über Blumenwiesen** auf Devin › S. 109
- **Chillen mit Studenten** der Greifswalder Universität auf dem Grün des Rubenowplatzes › S. 113
- **Romantischen Gefühlen nachhängen** in Eldena › S. 115

**Die beiden Hansestädte sind Vorpommerns Juwelen der Backsteingotik. Neben imposanten Kirchen, Märkten und Häfen bieten Stralsund und Greifswald aber auch hochkarätige Museen, schmucke Hotels, gemütliche Cafés, Kneipen und Restaurants.**

Stralsund ist für seine Besucher im Laufe der Jahre immer attraktiver geworden. Der Stadtkern ist frisch herausgeputzt, die nach der Wende baufälligen Bürgerhäuser sind allesamt saniert und mit dem Ozeaneum ist eine neue Attraktion hinzugekommen Nicht umsonst steht die Stadt seit 2002 auf der Weltkulturerbeliste der UNESCO.

Was die Bausubstanz angeht, kann Greifswald nicht ganz mit Stralsund mithalten – trotz seiner drei monumentalen Kirchen und seines imposanten Marktplatzes, Dafür ist die Universitätsstadt lebendiger und quirliger. Dank der vielen Studenten gibt es ein lebhaftes Nachtleben.

Die meisten Besucher legen die gut 40 Kilometer zwischen den beiden Städten ohne Pause in gut 20 Minuten mit dem Auto zurück. Dabei lohnt sich ein Abstecher an die kleinen Küstendörfer, die zwischen den Städten liegen, oder zum Fischerdorf Wieck vor den Toren Greifswalds.

# Touren in der Region

**Tour 10** Radtour: **Von Stralsund nach Greifswald**

## Tour-Übersicht:

**Verlauf: Stralsund › Andershof › Brandshagen › Niederhof › Stahlbrode › Tremt › Gristow › Mesekenhagen › Greifswald**

**Dauer:** 43 km, 1 Tag

**Praktische Hinweise:**

▪ Ein Teil der Strecke verläuft auf der alten kopfsteingepflasterten B 96. Ein gut gefedertes Fahrrad ist hier von Vorteil.

## Tour-Start:

Am Ortsende von **Stralsund** › S. 102 folgt man zunächst einige hundert Meter der Bundesstraße 105 und biegt dann Richtung **Brandshagen** auf die Pflasterstrecke der alten B 96 ab. Eigentlich geht es auf der baumbestandenen Strecke ganz idyllisch dahin, lediglich der holperige Untergrund schmälert das Fahrvergnügen. Im 13. Jh. erbaut wurde die der Gottesmutter Maria geweihte Dorfkirche von Brandshagen, die im Innern reich mit Fresken geschmückt ist. Außerdem sehenswert sind ein Taufstein aus dem 13. Jh. und das Triumphkruzifix aus dem 15. Jh. Nach Brandshagen

Kormorane besetzen Bäume in Niederhof

strampelt man auf einem Fahrrad-weg weiter nach **Niederhof** mit sei-ner Kormoran- und Graureiher Kolonie. Das ehemalige barocke Herrenhaus von Niederhof – ge-nannt »Schloss Niederhof« – brann-te 1947 nieder. Interessant ist der jüdische Friedhof. Vom 18. Jh. hat-ten hier jüdische Bürger aus Stral-sund und Greifswald ihre Verstor-benen begraben. Nach der letzten Beisetzung 1850 verfiel der Fried-hof, wurde aber in den 1960er-Jah-ren wieder hergerichtet. Auf Rad-und teilweise Feldwegen fährt man weiter nach **Stahlbrode**. Legen sie am Hafen, von dem die Fähren nach Rügen abgehen, eine Pause ein, um  den ausgezeichneten Räucherfisch zu genießen. Dann geht es über **Tremt** an der traumhaften Greifs-walder Boddenküste entlang nach **Gristow**, das eine bemerkenswerte Kirche aus dem 14.Jh., Pfarrhaus und Schule vorzuweisen hat, bis nach **Mesekenhagen**. Dort biegt man wieder auf die alte Bundesstra-ße B 96 ein. Bevor man aber über das anstrengende Kopfsteinpflaster weiterfährt, sollte man sich etwas ausruhen und stärken. Auf dem Programm steht daher nun der Be-such des **Naturerlebnisparks Gristow** (Mai–Sept. 9–18, sonst 10–16 Uhr, www.naturerlebnispark-gristow. de). 300 Tiere kann man in dem Park beobachten – und die meisten sogar streicheln – u. a. Pferde, Emus, Schafe und Ziegen. In dem weitläufigen Gelände mit Natur-lehrpfaden, Streuobstwiesen und Bauerngarten können die Eltern spazieren gehen, während die Kin-

der auf einem der Spielplätze her-umtoben. Für ein Picknick bieeten sich mehrere Rastplätze im Park an. Im Anschluss erreicht man über **Neuenkirchen**, wo eine Kirche aus dem 14. Jh. mit Fachwerkturm und ein reetgedecktes Pfarrhaus auffal-len, das Ziel der Tour, die Hanse-stadt **Greifswald** › S. 110.

**Tour 11** Radtour:
# Im Norden von Stralsund
## Tour-Übersicht:

**Verlauf: Stralsund** › **Preetz** › **Alten-pleen** › **Groß Mohrdorf** › **Kinn-backenhagen** › **Hohendorf** › **Prohn** › **Stralsund**

**Dauer:** 45 km, 1 Tag
**Praktische Hinweise:**
▪ Die beste Zeit zur Kranichbeobach-tung ist zwischen Anfang Septem-ber und Ende Oktober.

## Tour-Start:

Von **Stralsund** › S. 102 führt der Weg hinaus Richtung Norden auf struamhaften Alleen über **Preetz** und **Altenpleen** zunächst zum **Kranich-Informationszentrum Groß Mohrdorf** › S. 29. Hier erfährt auch die aktuellen Futter- und Schlafplätze der majestätischen Vögel. Von Groß Mohrdorf folgt man dann der Stichstraße zum Kranichbeobachtungspunkt in **Kinnbackenhagen**. Im Frühling und Herbst rasten hier Zehntausende

der Tiere. Doch auch wer außerhalb der Kranichsaison unterwegs ist, sollte den kleinen Abstecher nicht scheuen, denn vom Ende des Weges genießt man einen wunderbaren Ausblick auf die Halbinsel Zingst. Der Weg führt ca. 2 km auf derselben Strecke zurück, dann biegt man jedoch Richtung **Hohendorf** › S. 110 ab, zum Kranich-Utkiek und zu einem Schloss im englischen Tudorstil, bevor es über **Prohn** wieder zum Ausgangsort der Rundtour geht.

## 10 Unterwegs in ***Stralsund 13

In der alten **Hansestadt Stralsund** hat sich in den letzten Jahren viel getan. Die Altstadt mit Sehenswürdigkeiten wie dem Rathaus, dem Wulflamhaus und den drei Stadtkirchen St. Nikolai, St. Jakobi und St. Marien gehört städtebaulich zum schönsten, was der deutsche Norden zu bieten hat. Die UNESCO hat das honoriert und Stralsund 2002 zusammen mit Wismar zum Weltkulturerbe erklärt. Mit dem Deutschen Meeresmuseum und dem 2008 eröffneten Ozeaneum ist man in Stralsund zu Recht stolz auf zwei Museen, die sich auf internationalem Niveau mit dem Thema Wasser auseinandersetzen.

Dabei erlebte Stralsund nach der Wende in den 1990er-Jahren erst einmal schwere Zeiten. Der politischen Freiheit folgte der wirtschaftliche Niedergang. Schon die Startbedingungen nach dem Mauerfall

waren nicht die besten: Noch mehr als in anderen Städten des Ostens war die Altstadt zu DDR-Zeiten dem Verfall preisgegeben. Im Jahr 1984 hatte man die Innenstadt zum Besuch des damaligen schwedischen Ministerpräsidenten Olof Palme einer schnellen Pinselsanierung unterzogen, die Herrn Potemkin erfreut hätte. Aber danach passierte dann gar nichts mehr. Die Menschen zogen hinaus in die großen Plattenbausiedlungen Knieper und Tribseer Vorstadt. In der historischen Altstadt lebte kaum noch jemand.

Die Volkswerft, der Hauptarbeitgeber der Stadt wechselte nach 1989 mehrmals den Besitzer – jeder Besitzerwechsel führte zu neuen Kündigungen, trotzdem musste die Werft schließlich Insolvenz anmelden und zum Oktober 2013 verloren auch die letzten Werftarbeiter ihren Job. Die jungen und vor allem die gut ausgebildeten Menschen wanderten ab. Die Bevölkerung von Stralsund schrumpfte von 75 000 im Jahr 1989 auf 57 000 im Jahr 2012.

Dass man zu DDR-Zeiten knapp bei Kasse war, zahlt sich heute allerdings aus. Die Altstadt mit ihren Meisterwerken aus der Zeit der Backsteingotik blieb so vor »städtebaulichen Eingriffen« verschont. Die alten Häuser verfielen zwar allmählich, zum Abriss fehlte aber das Geld. Und so konnte man nach 1991 langsam mit der Sanierung beginnen.

## Am Alten Markt A

Der Stralsunder **Alte Markt** gehört mit seiner Bebauung, die bis ins 13. und 14. Jh. zurückgeht, zweifelsohne zu den schönsten deutschen Plätzen. Das **Wulflamhaus** an der Nordwestseite wurde 1358 im Auftrag von Bertram Wulflam, dem damaligen Ratsherren und späteren Bürgermeister der Stadt, erbaut. Sehenswert im Inneren sind die Wandmalereien aus dem 15.Jh., die man heute in aller Ruhe bei einem Glas Bier begutachten kann – denn in dem Haus ist ein Restaurant untergebracht.

| | | |
|---|---|---|
| Ⓐ Alter Markt | Ⓔ Mühlenstraße | Ⓘ Jacobikirche |
| Ⓑ Nikolaikirche | Ⓕ Knieperwall | Ⓙ Schiffercompagnie |
| Ⓒ Kniepertor | Ⓖ Kloster St. Katharinen | Ⓚ Heiliggeistkloster |
| Ⓓ Johanniskloster | Ⓗ Marienkirche | Ⓛ Ozeaneum |

Die Nikolaikirche ist reich an Farben und mittelalterlichen Kunstschätzen

Im dreigeschossigen **Comman-dantenhus** vis-à-vis residierte im 18. Jh. die schwedische Kommandantur, heute verwöhnt dort ein Café seine Gäste. An der Südseite **Erst-klassig** des Marktes ist die überaus prächtige Schaufassade des gotischen *****Rathauses** der Beweis dafür, wie filigran man mit Backstein bauen kann. Es entstand um 1400 nach dem großartigen Vorbild in Lübeck. Sieben spitze Pfeilerhauben krönen die von Rosetten und Fenstern durchbrochene Fassade. Die Wappen von Hamburg, Lübeck, Wismar, Rostock, Greifswald und Stralsund erinnern an die großen sechs Städte der Hanse. Der langgestreckte Rathausdurchgang wurde durch ein Glasdach zur Einkaufspassage umgebaut und knüpft damit an die Gründerjahre im 13. Jh. an, als das Gebäude als städtisches Kophus (Kaufhaus) diente.

Neben dem Rathaus ragen die Türme der **Nikolaikirche** Ⓑ auf. Die dreischiffige, gotische Backsteinbasilika entstand Ende 13. Jh. als Zeichen des Wohlstandes der ortsansässigen Krämer. Nach einem Brand bekam der Südturm 1667 eine Barockhaube, beim Nordturm reichte es nur zu einem Notdach. Im restaurierten farbenfrohen Innern besticht eine einzigartige Sammlung mittelalterlicher Kunstschätze: **Erst-klassig** das Nowgorodfahrer-Gestühl mit Reliefszenen der Pelztierjagd (um 1370), der Bergenfahrer- und Bürgermeisteraltar (um 1500) und die Astronomische Uhr (1394). Den opulenten Hauptaltar (18. Jh.) entwarf Andreas Schlüter, Meister des norddeutschen Barocks (Juni–Aug. Mo–Sa 9–19, So 13–17, April/Mai, Sept./Okt. Mo–Sa 10–18, So 13–17, Nov.–März Mo–Sa 10–16, So 13–16 Uhr, www.nikolai-stralsund.de).

## Vom Kniepertor zum Knieperwall

Östlich vom Kniepertor **G** steht das **Johanniskloster** **D**, das zu Recht als Schatzkammer des berühmten Stralsunder Stadtarchivs bezeichnet wird. Das einstige Refugium der Franziskaner wurde im 13. Jh. errichtet und nach der Reformation als Armen- und Altenhaus genutzt. Neben der Barockbibliothek können Kapitelsaal, gotischer Kreuzgang, Rosengarten und ein riesiger alter Räucherboden, so genannt nach den Rauchabzügen der zellenartigen Wohnungen unter dem Dach, besichtigt werden. Von der **Klosterkirche** stehen seit dem Bombenangriff von 1944 nur noch die Umfassungsmauern. An die damaligen Opfer erinnert eine Kopie der »Pietà« von Ernst Barlach. Im Sommer finden in der Ruine Konzerte statt.

Auch an der **Mühlenstraße** **E** stehen mittelalterliche Giebelhäuser. Das **Haus Nr. 1**, Ende des 13. Jhs. erbaut, gilt als das älteste erhaltene Stralsunder Wohnhaus. Etwas jünger sind die Gebäude mit den daran anschließenden ungeraden Hausnummern: Hier ein Stufengiebel, dort ein steiler Volutengiebel, an denen sich häufig die Entstehungszeit der Häuser ablesen lässt. Lohnend ist auch ein Blick in die alten Innenhöfe.

Welchen Eindruck die Befestigungsanlagen auf die Belagerer Stralsunds in früheren Jahrhunderten gemacht haben müssen, sieht man am besten am mächtigen **Knieperwall** **F**.

## Kloster St. Katharinen **G**

Das Kloster St. Katharinen, von Dominikanern Mitte des 13. Jhs. gegründet, beherbergt heute zwei außerordentliche Museen.

In der einstigen Klosterkirche residiert das **\*Deutsche Meeresmuseum**, das vom Seepferdchen bis zum Hai die ganze Artenvielfalt der Ozeane präsentiert. Höhepunkte der Ausstellung über drei Etagen sind das 16 m lange Finnwalskelett, ein  3 m hohes Korallenriff und das Innenleben einer Riesenkrabbe (Ecke Mönchstraße/Bielkenhagen, Juni–Sept. tgl. 10–18, sonst bis 17 Uhr, www.meeresmuseum.de).

In die Klausurgebäude des Klosters zog 1924 das **\*Kulturhistorische Museum**. Die Sammlungen spannen den Bogen über 10 000 Jahre Entwicklung der Menschheit: Von der Ur- und Frühgeschichte über mittelalterliche Altäre und weiß-blaue Fayencen bis hin zu den Porträts und Landschaften der Stralsunderin Elisabeth Büchsel (1867–1957).

Die Attraktion des Museums ist der **Hiddenseer Goldschmuck,** ein Wikingergeschmeide aus der zwei-  ten Hälfte des 10. Jhs., der Ende des 19. Jh. auf Hiddensee gefunden wurde. Ausgestellt sind nur Kopien. Die wertvollen Originale ruhen sicher im Tresor des Stadtarchivs.

Im November 1872 wurde die Ostseeküste von einer verheerenden Sturmflut heimgesucht. Viele Häuser wurden zerstört, Vieh ertrank und ganze Landstriche verschwanden auf Nimmerwiedersehen im Meer. Nach Abklingen der Flut fand man in der Nähe von Neuendorf auf

Hiddensee einige Schmuckstücke aus reinem Gold. An der gleichen Stelle wurden in den beiden Folgejahren noch weitere Stücke derselben »Kollektion« angeschwemmt. Heute ist der Fund – der **Hiddenseer Goldschmuck** – weit über die regionalen Grenzen hinaus bekannt. Nicht allein das Gold, aus dem sie hergestellt sind, macht die 16 Schmuckstücke aus dem 10. Jh. so wertvoll, sondern auch und vor allem die Handwerkskunst, mit der sie verarbeitet wurden. Geschaffen wurde der Goldschmuck aus der Wikingerzeit höchstwahrscheinlich in Haithabu bei Schleswig. Wie er dann vor die Küste Hiddensees gelangte, darum ranken sich viele Legenden. Nach einer wurde er von den Hiddenseer Mönchen vergraben, bevor sie die Insel verließen, eine zweite erzählt von König Harald Blauzahn, der den Schmuck auf der Flucht vor seinem Widersacher, seinem eigenen Sohn übrigens, hier versteckte (Mönchstr. 25–27, http://museum.stralsund.de, Di–So 10–17 Uhr).

## *Marienkirche

Der Aufstieg führt über 366 ausgetretene Stufen, ist mühevoll, aber man wird mit einem fantastischen Ausblick belohnt. Vom Turm der spätgotischen Marienkirche überblickt man ein harmonisches Ganzes: den Neuen Markt, die Altstadt und die Parkanlagen; auch Rügen gehört dazu. Die gewaltigste der drei Stralsunder Stadtkirchen wurde zwischen 1383 und 1473 erbaut. Fast die gesamte mittelalterliche

Ausstattung fiel Bilderstürmern und Plünderern zum Opfer. Was blieb, sind gotische Malereien an den Arkadenbögen und im Südschiff ein spätmittelalterliches Taufbecken sowie drei opulente Kronleuchter aus der Renaissance. Dem Spiel der prächtigen Barockorgel kann man während der Orgeltage lauschen (Termine unter: www.st-mariengemeinde-stralsund.de).

## Auf dem Weg zum **Hafen

In der Frankenstraße, die von der Südostseite des Neuen Marktes abzweigt, zeigen die Häuser der Nrn. 28–32 gotische und barocke Giebelformen. Weiter nördlich, jenseits der Papenstraße, erhebt sich die schlichte gotische **Jacobikirche** (www.jacobi-stralsund.de, Mo–Fr 11–15 Uhr). Sie wurde beim Bombenangriff auf Stralsund am 6. Oktober 1944 schwer beschädigt und nach der Wende rekonstruiert. Die prächtige Kanzel aus dem Jahr 1635 hat den Zweiten Weltkrieg überstanden. Heute wird St. Jacobi als Kulturkirche genutzt, in der Ausstellungen, Konzerte und Theateraufführrugnen stattfinden. Seit 2009 ist im Kirchenschiff eine zunächst auf zehn Jahre angelegte Ausstellung grafischer Werke von Friedensreich Hundertwasser zu sehen.

Die **Schiffercompanie** , die seit der Mitte des 17. Jhs. in der Frankenstr. 9 residiert, wurde 1488 von 50 Stralsunder »Fahrenslüüd« gegründet. Traditions- und Nachwuchspflege standen auf dem Programm, vor allem aber sollten die

**Erst-!
klassig**

In Stralsunds Hafen sind Gegenwart und Hansezeit grandios in Szene gesetzt

von großer Fahrt zurückkehrenden Schiffer allezeit ein Quartier finden. Heute zählt der wohl älteste Verein Deutschlands ca. 100 Mitglieder. Deren Domizil birgt ein wunderbares Sammelsurium aus Schiffsmodellen, Schiffsglocken, Seekarten und Mitbringseln aus aller Welt (Besichtigung auf Anfrage, Tel. 0 38 31/29 85 10).

Am Hafen angelangt, genießt man im Viertel um das **Heiliggeistkloster** Ⓚ Seefahrerromantik und ein wenig Fischereiromantik, wenn am Fährkanal ein frischer Fang abgeladen wird, sowie ein bisschen Industrieromantik an den Kaianlagen mit den Backsteinspeichern. Vom Hafen legen Schiffe zur Insel Hiddensee (www.reederei-hiddensee.de) und Fähren nach Altefähr auf Rügen (www.weisse-flotte.com) ab.

## **Ozeaneum** Ⓛ

Größter Besuchermagnet am Hafen ist das 2008 eröffnete Ozeaneum. Die Zweigstelle des Meeresmuseums setzt mit ihrem elegant modernen Bau auch einen architektonischen Akzent. Die Verglasung erlaubt während des Rundgangs faszinierende Ausblicke auf die Altstadt und die Rügenbrücke. Die Ausstellung widmet sich dem Lebensraum Meer. Eine der Attraktionen ist das 2,6 Mio. Liter fassende Aquarium, in dem ein Heringsschwarm zu Hause ist und durch eine Panoramascheibe beobachtet werden kann. Beeindruckend sind auch die Nachbildungen von Schwert-, Blau- und Buckelwalen, deren Gesängen man bei der Betrachtung lauscht. Die Lieblinge der Kinder sind die zehn Humboldt-Pinguine in ihrem Außenbecken

Erst-
klassig

Das Ozeaneum entführt Besucher in die geheimen Tiefen der Weltmeere

auf dem Dach des Museums (Hafenstr. 11, Tel. 038 31/265 06 10, www.ozeaneum.de, Juni–14. Sept. tgl. 9.30–21, sonst tgl. 9.30–19 Uhr).

Schräg gegenüber vom Ozeaneum, an der Fährbrücke, liegt die Drei-Mast-Bark **Gorch Fock I** (www.gorchfock1.de, April–Sept. tgl. 10–18, Okt.–Mitte Nov. 10–16 Uhr) vertäut. Das Schiff wurde 1933 in Stralsund erbaut und bis zum Ende des Zweiten Weltkriegs als Kadettenschulschiff genutzt. Um es nicht als Kriegsbeute in die Hände der heranrückenden Roten Armee fallen zu lassen, versenkte man es in der Nacht zum 1. Mai 1945 im flachen Strelasund. Mehr als zwei Jahre lag es dort auf Grund, bevor es gehoben, restauriert und dann unter dem Namen Towarischtsch im Dienst der sowjetischen und ukrainischen Marine über die Weltmeere kreuzte. Nach langen Irrfahrten und viel Engagement von Stralsunder Segelfreunden kam das Schiff 2003 zurück in den Heimathafen.

## Info

### Tourismuszentrale Stralsund

▮ Alter Markt 9 | 18439 Stralsund
▮ Tel. 038 31/246 90
▮ www.stralsundtourismus.de

## Hotels

### Hotel an den Bleichen ●●

Ruhiges Drei-Sterne-Hotel am Rand des Stadtwaldes, helle Zimmer.

▮ An den Bleichen 45
▮ Tel. 038 31/3906 75
▮ www.hotelandenbleichen.de

### Hotel zur Post ●●—●●●

Stilvolles Wohnen am Neuen Markt; Tiefgarage. Günstige Nachsaisonpreise.

▮ Tribseer Str. 22
▮ Tel. 038 31/20 05 00
▮ www.hotel-zur-post-stralsund.de

### Hotel-Pension Klabautermann ●
Gemütliche Zimmer, deftige Fischküche, Charterjachten.
- Am Querkanal 2
- Tel. 038 31/29 36 28
- www.pension-klabautermann.de

## Restaurants

### Wulflamstuben ●●
Regionale Köstlichkeiten in einem der ältesten Stralsunder Bürgerhäuser (14. Jh.). Ausgezeichnete Fischgerichte.
- Alter Markt 5
- Tel. 038 31/29 15 33
- www.wulflamstuben.de

### Hansekeller ●
In dem Gewölbekeller aus dem 16. Jh. serviert man regionale Küche und fangfrischen Fisch zu vernünftigen Preisen.
- Mönchstr. 48
- Tel. 038 31/70 38 40
- www.hansekeller-stralsund.de

### Brasserie ●
Das nostalgische Flair der 1920er-Jahre zieht viel junges Publikum an.
- Neuer Markt 2
- Tel. 038 31/70 35 14
- www.brasseriegrandcafe-hst.de

## Shopping

### Goldschmiede Schulz
Ein attraktives Souvenir sind Nachbildungen des Hiddenseer Goldschmucks.
- Mühlenstr. 8
- Tel. 038 31/28 07 81
- www.goldschmiede-schulz.de

### Knieper Eck
Tee- und Weinkontor, Geschenkartikel.
- Schillstr. 34
- Tel. 038 31/20 72 54

## Am Abend

### Stadttheater
Hauptspielstätte ist das Große Haus, außerdem werden kleiner Bühnen in der Kuturkirche St. Jacobi und am Knieperwall bespielt.
- Olof-Palme-Platz 6
- Tel. 038 31/26 41 24
- www.theater-vorpommern.de

### Campus
Beliebter Studententreff in der Innenstadt; regelmäßige Livegigs.
Public-Viewing der Fußball-Bundesliga.
- Mönchstr. 40
- Tel. 038 31/28 4300
- www.campus-hst.de

# Ausflüge

## Naturschutzgebiet Halbinsel Devin

Das Naturschutzgebiet Halbinsel Devin erreicht man etwa einen Kilometer östlich von Stralsund, jenseits der B 96 am Ortsausgang von Devin (Buslinie 3 bis Endhaltestelle). Bei dem Spaziergang über die  blumenbestandenen Magerwiesen öffnet sich ein grandioser Blick auf Stralsund, den Rügendamm und über den Strelasund auf die Insel Rügen. Am Fuße des Steilufers liegt ein schmaler Sandstrand. In dem extrem flachen Sundwasser muss man allerdings ein paar hundert Meter ins Meer hinauswaten, bevor man schwimmen kann. Doch der Naturschutz geht vor. Da das Gebiet viele Wasservögel als Ruhe- und Rastplätze nutzen, darf man Teile davon zu bestimmten Jahreszeiten gar nicht betreten.

## Hohendorf

Rund 70 000 Kraniche legen alljährlich im Herbst auf ihrer Reise von Skandinavien in den Süden im Nationalpark Vorpommersche Boddenlandschaft eine Pause ein. Zigtausende Vögel suchen auf den Feldern bei Hohendorf, 15 km nordwestlich von Stralsund, nach Nahrung. Der

**Kranich-Utkiek in Hohendorf** bietet dann die besten Beobachtungsmöglichkeiten.

### Info

**Kranich-Infozentrum**
▍ Lindenstr. 27 | 18445 Groß Mohrdorf
▍ Tel. 03 83 23/805 40
▍ www.kraniche.de

 # Unterwegs in **Greifswald 14

Die Universitätsstadt Greifswald lockt Studenten aus ganz Deutschland an. Von den 56 000 Einwohnern studieren 12 000 an der Universität. Damit bietet Greifswald den Besuchern ein für Vorpommern seltenes Bild – in den Straßen sieht man in der Mehrzahl junge Menschen. Greifswald ist eine optimistische Stadt, und wo junge Leute leben, wird viel gefeiert, zu Hause und in den Kneipen der Stadt. Aber auch im Rahmen großer öffentlicher Feste. Bei den Eldenaer Jazz Abenden beispielsweise oder beim Nordischen Klang, einem Festival, das sich mit der Musik, dem Theater und der Kunst Nordeuropas beschäftigt. Dass ein solches Festival gerade in Greifswald stattfindet, hat auch mit der Universität zu tun. Hier ist das wichtigste Nordische Institut Deutschlands angesiedelt.

Mit der Verbindung nach Nordeuropa knüpft Greifswald aber auch an die eigene Geschichte als Hansestadt an, die schon im Mittelalter Kontakte in den Norden pflegte.

Schon seit 1456 ist Greifswald ein Zentrum der Lehre. Damals gehörte die Universität der Stadt zu den wichtigsten im Ostseeraum. Anfang des 16. Jhs. studierte der Reichsritter, Dichter und Humanist Ulrich von Hutten hier. Auch die beiden Nobelpreisträger Johannes Stark (Nobelpreis für Physik 1919) und Gerhard Domagk (Nobelpreis für Medizin 1939) machten in Greifswald ihren Abschluss. Der Schriftsteller, Politiker und Historiker Ernst Moritz Arndt studierte ab 1791 an der Greifswalder Universität. Seine Alma Mater ist heute nach ihm benannt.

## *Marienkirche A

In Greifswald heißt sie schlicht die »dicke Marie«, was auf ihre bullige Form hinweist. Die dreischiffige, chorlose Hallenkirche mit wuchtigem quadratischem Turm wurde 1260–80 bald nach der Stadtgründung gebaut. Im Inneren kontrastieren mächtige Backsteinpfeiler mit dem weiß getünchten Gewölbe und Wandmalereien aus dem 15. Jh. Viele Kunstschätze erfreuen die Kirchenbesucher, darunter eine mit Intarsien geschmückte Renaissancekanzel von 1587, Grabsteine aus dem 14.–18. Jh. im Fußboden und Epitaphe in den Seitenschiffen. Auch der frühere Greifswalder Bürgermeister und Universitätsgründer Heinrich Rubenow (1400–1462) ist hier begraben (April–Okt. Mo–Fr 10–16, Sa 11–15, Nov.–März Mo–Fr 11–15 Uhr).

## *Marktplatz **B**

Zwischen Bürgerhäusern aus Gotik, Renaissance und Barock herrscht reges Markttreiben auf dem Platz, der Fußgängern vorbehalten ist. Herausragend sind die Häuser Nr. 11 und 13. Ihre reichen Blendgiebel sind ein Vermächtnis der Backsteingotik. Das nicht weniger schmucke Rathaus gegenüber wurde im 18. Jh. nach einer Feuersbrunst im spätbarocken Stil neu erbaut.

**Erst-klassig**

Krone der Backsteingotik in Greifswald

## Pommersches Landesmuseum **C**

Das klassizistische Hauptgebäude des Museums wurde 1845 als Armen- und Altenheim errichtet. Das sogenannte Graue Kloster birgt die Ausstellungen zur Erd- und Landesgeschichte Pommerns, darunter den imposanten Croy-Teppich von 1554 mit der Darstellung der pom-

**A** Marienkirche
**B** Marktplatz
**C** Pommersches Landesmuseum
**D** Dom St. Nikolai
**E** Rubenowplatz
**F** Universität
**G** Jacobikirche

**Die interessantesten Museen**

- Das **Kulturhistorische Museum** in Rostock zeigt in den sehenswerten Räumen des Klosters zum hl. Kreuz hochkarätige Sakralkunst, niederländische Malerei von Jan Breughel und Exponate zur Stadtgeschichte › S. 68.

- In Ribnitz-Damgarten zeigt das **Deutsche Bernsteinmuseum** seine bedeutende Sammlung zum »Gold der Ostsee« › S. 77.

- Das **Kunstmuseum von Ahrenshoop** präsentiert Werke aus den Gründerjahren der Künstlerkolonie Ahrenshoop. Darüber hinaus werden auch Werke der Klassischen Moderne von Lyonel Feininger bis Max Pechstein gezeigt › S. 80.

- Das **Nationalparkzentrum Königsstuhl** auf Rügen lässt Besucher mithilfe von 3-D-Filmen, Audio- und Multimediaeffekten erleben, was Kreideküste, Ostsee, Flora und Fauna ausmachen und wie die einmalige Landschaft entstand › S. 97.

- Das **Ozeaneum** in Stralsund zeichnet ein umfassendes Porträt von der Unterwasserwelt der Weltmeere und der Ostsee im Besonderen › S. 107.

- Das **Pommersche Landesmuseum** in Greifswald hat sogar seinen eigenen Van Gogh › S. 112.

- Das **Historisch-Technische Informationszentrum** in Peenemünde dokumentiert das Raketenprogramm der Nationalsozialisten, Kriegs- und Technikgeschichte › S. 122.

- Das **Otto-Lilienthal-Museum** in Anklam widmet sich ganz Leben und Werk des berühmtesten deutschen Flugpioniers › S. 136.

merschen Herzogsfamilien. Seit 1998 gelangt man über die gläserne Museumsstraße zum Quistorp-Bau, der vom Zeichenlehrer Caspar David Friedrichs als Stadtschule 1793–95 erbaut wurde und heute nach ihm benannt ist. Hier zeigt die **Gemäldegalerie** rund 200 erstklassige  Werke, darunter die »Ruine Eldena im Riesengebirge« von Caspar David Friedrich (1774–1840). Der in Greifswald geborene Maler ist mit insgesamt sieben Werken vertreten. Auch Bilder von van Gogh, Liebermann und Pechstein sind zu bewundern. Um das Museum herum bieten idyllische Gärten und gigantische Findlinge einladende Orte der Entspannung (Mühlenstr. 15, www.pommersches-landesmuseum.de, Mai–Okt. Di–So 10–18 Uhr, sonst Di–So 10–17 Uhr).

## *Dom St. Nikolai ⓓ

Der Dom St. Nikolai steht zwei Straßenzüge westlich des Marktes. Sein schlanker oktogonaler Turm misst 99,9 m. Den Aufstieg über enge Wendeltreppen und steile Holzstiegen belohnt ein Logenplatz über dem »grünen Billardtuch der unabsehbaren Ebene Vorpommerns« (Fritz Reuter). Mitten hinein wurde die dreischiffige Basilika gebaut. Der Innenraum zeigt sich im Gewand der Neogotik. Heinrich Rubenow stiftete 1460 das Gemälde »Sieben Greifswalder Professoren in Anbetung Mariens«. Kleine Grab- und Familienkapellen mit erbaulichen Inschriften zieren die Seitenschiffe. Besonders stolz ist man in Greifswald auf das siebenstimmige

Ein Platz im Grünen für die Studenten der altehrwürdigen Ernst-Moritz-Arndt-Universität

Geläut der Kirche, das erst 2013 durch den Guss der letzten Glocke vervollständigt wurde. (www.dom-greifswald.de, Mo–Sa 10–18 Uhr).

Nördlich des Doms stößt man auf die rekonstruierte **Seifensiederei** der Familie Friedrich, die Adolph Gottlieb, der Vater des Malers Caspar David, ungeachtet vieler Beschwerden seiner Mitbürger »des üblen Geruches und sonstiger Ungemächlichkeiten wegen« betrieb.

## Rubenowplatz Ⓔ

Durch die Domstraße gelangt man  zum Rubenowplatz. Auf den Grünflächen genießen im Sommer die Studenten der Ernst-Moritz-Arndt-Universität ihre Pausen. In der Mitte des Platzes steht das Rubenow-Denkmal zur Erinnerung an den Universitätsgründer, an seiner Ostseite das soziokulturelle Zentrum St. Spiritus. Nach dem Dreißigjährigen Krieg fanden in den kleinen Fachwerkbauten Arme und Alte Unterkunft. Heute werden die restaurierten Häuser teils als Altersheim, teils von Künstlern genutzt. Sommers finden im romantischen Innenhof Konzerte statt.

## Universität Ⓕ

An der 1456 gegründeten Alma Mater lehrten und lernten u. a. der spätere »Turnvater« Friedrich Ludwig Jahn und der Chirurg Ferdinand Sauerbruch. Die Universitäts-Aula, ein prachtvoller spätbarocker Saal, kann im Rahmen einer einstündigen Führung besichtigt werden (Sommer bis 31. Okt. tgl. 15 Uhr ab Rubenowdenkmal, sonst auf Anfrage unter Tel. 038 34 86/30 60, www.uni-greifswald.de/informieren/kustodie/fuehrungen.html). Aber ein Rundgang über den historischen Campus, die kleine Grünanlage, und ein Blick in die Universitätsbibliothek, deren Schatz die 1458 gedruckte Gutenberg-Bibel ist, ist jederzeit möglich.

In Wieck führt eine hölzerne Zugbrücke über den Ryck

## Jacobikirche ⑥

Die dritte Stadtkirche ist dem hl. Jakob geweiht. In **St. Jacobi** (13./14 Jh.) lohnen vor allem der romanische Taufstein aus Granit und die gotischen Wandmalereien im Gewölbe des östlichen Mittelschiffs einen Besuch (www.jacobigemeinde.info, Mai–Sept. Mo/Di, Do 10–16, Mi 12.20–14.30, Fr 10–15 Uhr)

## Arboretum

Eine Freude für Naturliebhaber bietet ca. 2 km vom Stadtzentrum entfernt das artenreiche Arboretum und der Botanische Garten der Universität (Friedrich-Ludwig-Jahn-Straße, April–Okt. tgl. 9–18 Uhr).

### Info

**Fremdenverkehrsverein Greifswald**
▍ Am Markt (Rathaus)
▍ 17489 Greifswald
▍ Tel. 038 34/52 13 80
▍ www.greifswald.info

### Hotels

**Hotel Adler** ●●
Familiäres 3-Sterne-Hotel nah beim städtischen Park, kurzer Fußweg zum Zentrum; mit Fahrradverleih.
▍ Hans-Fallada-Str. 4
▍ Tel. 038 34/778 50
▍ www.hotel-adler-garni.de

**Hotel Maria** ●●
Gemütliches Quartier im dörflichen Ortsteil Wieck.
▍ Dorfstr. 46 a
▍ Tel. 038 34/84 14 26
▍ www.hotel-maria.de

### Restaurants

**Restaurant Le Croy** ●●●
Die Küche im Pommerschen Landesmuseum ist vorzüglich; preiswerter Mittagstisch, abends gehobene Feinschmeckermenüs, lecker Pralinen. Mo geschl.
▍ Rakower Str. 9
▍ Tel. 038 34/77 58 46
▍ www.le-croy.de

### Alter Speicher ●●
Uriges Restaurant am Stadthafen mit Wintergarten; gute Fischgerichte.
▪ Roßmühlenstr. 25
▪ Tel.038 34/777 00

### Fritz ●
Gemütliches Restaurant in einem Kaufmannshaus des 13.Jh. Man serviert deftiges Essen und ausgezeichnetes Bier.
▪ Am Markt 14
▪ Tel. 038 34/5 78 30
▪ www.fritz-braugasthaus.de// standorte/greifswald

### Doris' Diner ●
Originell und amerikanisch isst man in einem alten Eisenbahnwagon abseits der Bundesstraße Richtung Stralsund.
▪ Caspar-David–Friedrich-Blick 1
▪ Wackerow bei Greifswald
▪ Tel. 038 34/89 23 66

### Shopping
### Neue Greifengalerie
Grafiken heimischer Künstler, Glas, Keramik und Silberschmuck.
▪ Steinbeckerstr. 21
▪ Tel. 038 34/89 86 12
▪ www.neuegreifengalerie.de
▪ Mo–Fr 11–18, Sa 10.30–13 Uhr

# Ausflug zum *Kloster Eldena und nach Wieck

Zwei Greifswalder Sehenswürdigkeiten liegen an der Ausfallstraße nach Wolgast, sind aber unbedingt einen Abstecher wert. Mit der Buslinie 6 sind sie gut zu erreichen. Oder man wandert auf einem alten Treidelpfad immer an der Ryck entlang.

Das **Kloster Eldena** wurde 1199 von Zisterziensern gegründet und gilt als die Wiege der Hansestadt, die einst zum Klosterbesitz gehörte. Im Dreißigjährigen Krieg plünderten schwedische Truppen das Kloster, nutzten es als Steinbruch für ihre Befestigungsanlagen und gaben es dem Verfall preis. Bei der imposanten Ruine handelt es sich um Teile des Kirchenschiffs, des Konventgebäudes und des Kreuzgangs. 1827 wurden die Rudimente malerisch gesichert: Caspar David Friedrichs Gemälde machte die »Abtei im Eichwald« berühmt.

Nördlich von Eldena, nur einen Spaziergang von gut fünf Minuten entfernt, lädt das **Fischerdörfchen Wieck** (470 Einw.) zum Besuch ein. 1248 wurde »Wico ante claustrum« erstmals als Besitz des Klosters Eldena urkundlich erwähnt, und zählt damit zu den ältesten Fischerdörfer Norddeutschlands. Die größte Attraktion von Wieck ist eine hölzerne Zugbrücke über den Ryck, die 1886 nach holländischem Vorbild errichtet wurde. Sie wird wie anno dazumal mit Seilwinden geöffnet. Am Hafen kann man den Fischern über die Schulter schauen und die alten Fischer- und Kapitänshäuser aus dem 18./19. Jh., die vielfach noch reetgedeckt sind, bewundern.

Jedes Jahr am dritten Juliwochenende findet in Wieck die »Gaffelrigg«, das traditionelle Fischer- und Seglerfest, statt. Mehr als 50 000 Besucher kommen dann in das kleine Dorf. Höhepunkt der Veranstaltung ist eine Regatta von Traditionsschiffen.

**115**

# Usedom und das Stettiner Haff

## Das Beste!

- **Mit der Bäderbahn staufrei** an Usedoms Küste entlang reisen › S. 119
- **Bei Räucherfisch und Bratkartoffeln** in den Koserower Salzhütten den Strandtag ausklingen lassen › S. 125
- **An den stilvollen Villen** im Kaiserbad Heringsdorf vorbeiflanieren › S. 127
- **Die polnischen Nachbarn** von der Seebrücke in Ahlbeck  grüßen › S. 130
- **Bei einer Paddeltour auf der Peene** den Bibern beim Bauen zusehen › S. 136

In Usedom reihen sich die beliebten Ostseebäder wie Perlen auf der Kette aneinander und garantieren Strand- und Badefreuden, während die stille Haffseite mit idyllischen Buchten besonders Kanuten, Reiter und Radfahrer in die Natur lockt.

Usedom war zu wilhelminischer Zeit die beliebteste Sommerfrische der Hauptstädter, weshalb die zweitgrößte deutsche Insel den Beinamen »Badewanne der Berliner« führte. An diese Tradition knüpft man heute wieder an: Pensionen und Hotels wurden für neue Gäste flottgemacht. In Heringsdorf, Bansin, Zinnowitz und Koserow baute man neue Brückenanleger. Die Außenküste zur Ostsee wird von einem 40 km langen weißen Sandstrand gesäumt, selbst in der Hauptsaison lassen sich noch ruhige Plätze finden. Faustregel: Je weiter nördlicher, umso ruhiger.

Wie vor 100 Jahren konzentriert sich der Tourismus in den Kaiserbädern Ahlbeck, Heringsdorf und Bansin. Und wie zu Kaisers Zeiten hat Heringsdorf wieder die Nase vorn und gibt sich an manchen Ecken betont chic, trendy und teuer. An Sommerwochenenden kommen Sie übrigens mit der Usedomer Bäderbahn schneller voran als auf der Straße. Abseits vom Strand lädt das ruhige Hinterland zu Entdeckungen ein. Das Radwegenetz ist sehr gut ausgebaut, das Land ist – mit Ausnahme der Usedomer Schweiz – überwiegend flach. Mitunter kann allerdings die steife Brise eine extra Portion Kondition kosten. Weideland mit eingestreuten Reiterhöfen betont den ländlichen Charakter. Fast ganz still ist es an dem buchtenreichen Achterwasser und der dem Haff zugewandten Südküste.

# Touren in der Region

**Tour 12**

## Von den Kaiserbädern aufs Festland

### Tour-Übersicht:

**Verlauf: Ahlbeck › Zinnowitz › Wolgast › Lassan › Anklam › Usedom (Stadt) › Ahlbeck**

**Dauer:** 1 Tag; Fahrstrecke 116 km
**Praktische Hinweise:**
▪ Das Otto-Lilienthal-Museum in Anklam hat von Juni–Sept. tgl. 10–17, Nov.–April Mi–Fr 11–15.30, So 13–15.30 Uhr, sonst Di–Fr 10–17 und Sa/So 13–17 Uhr geöffnet.

Schöner können Ferien nicht sein: Seebrücke und Sandstrand von Ahlbeck

## Tour-Start:

Die Rundfahrt startet in **Ahlbeck** › S. 130, dem südlichsten der drei Usedomer Kaiserbäder, führt dann über Heringsdorf und Bansin nach Zinnowitz. Nach Verlassen der Insel überraschen die alten Speicherbauten im Museumshafen von **\*Wolgast** › S. 120, das hübsch restaurierte Städtchen Lassan weiter südlich und das interessante **Otto-Lilienthal-Museum** › S. 136 in Anklam. Wieder auf der Insel, lohnt ein Bummel durch den Ort **Usedom** › S. 133, an dessen Blüte im 15. Jh. ein Stadttor erinnert. Über Stolpe und Dargen geht es am **Wolgastsee** › S. 131 vorbei nach Ahlbeck zurück.

## Touren in der Region

**Tour** ⑫    Von den Kaiserbädern aufs Festland

Ahlbeck › Zinnowitz › Wolgast › Lassan › Anklam › Usedom (Stadt) › Ahlbeck

**Tour** ⑬    Mit der Bäderbahn über Usedom

Heringsdorf › Koserow › Zinnowitz › Karlshagen › Peenemünde und zurück

Die Seebrücke von Heringsdorf führt weit auf die Ostsee hinaus

Tour
13

### Mit der Bäderbahn
# über Usedom

### Tour-Übersicht:

**Verlauf: Heringsdorf** › **Koserow** › **Zinnowitz** › **Karlshagen** › **Peene- münde und zurück**

**Dauer:** 1 Tag
**Praktische Hinweise:**
▮ Fahrplanauskünfte erhalten Sie un- ter Tel. 03 83 78/271 32, www.ubb- online.com.
▮ Eine Einzelfahrt kostet je nach Ent- fernung zwischen 2 und 8 €, eine Tageskarte (beliebiges Aus- und Einsteigen) 14 €, eine Wochenkarte 35 €.
▮ Zwischen 9 und 19 Uhr verkehren die Züge im 30-Minuten-Takt (an- sonsten stündlich).

### Tour-Start:

Von **\*Heringsdorf** › S. 127 geht es in den bequemen Wagen der Bäder- bahn Richtung **Koserow** › S. 125, wo man den Streckelsberg, mit 60 m die höchste Erhebung Usedoms, er- klimmen kann. Von oben bietet sich eine fantastische Aussicht über Insel und Meer. Im Seebad Zinnowitz lädt die Strandpromenade zum Fla- nieren ein. Geschichts- und Tech- nikinteressierte fahren über den ruhigen Badeort **Karlshagen** › S. 123 weiter nach **\*Peenemünde** › S. 121, wo das Historisch-Technische In- formationszentrum eindrucksvoll über die Raketenversuche der Nazis im Zweiten Weltkrieg berichtet. In- dividuelle Zwischenstopps und die abendliche Rückkehr an den Ur- laubsort sind kein Problem, da die Fahrzeit zwischen den Orten nie mehr als eine halbe Stunde beträgt.

# Unterwegs auf Usedom

## *Wolgast 1

Für viele Feriengäste ist die alte Hansestadt, gut 10 km vor der Einmündung des Peenestroms in die Ostsee, nicht das Tor, sondern eher das Nadelöhr auf dem Weg nach Usedom. Dabei hat die Stadt durchaus Interessantes zu bieten.

Zu DDR-Zeiten war Wolgast vor allem wegen seiner Werft bekannt, in der 5000 Arbeiter Schiffe für die Marine bauten. Die Stadt war ein wichtiger Marinestützpunkt. Wie in den meisten Städte Vorpommerns schlossen auch hier nach der Wende ehemalige Staatsbetriebe, die Arbeitslosigkeit stieg und viele Wolgaster wanderten auf der Suche nach Arbeit ab. In der Stadt lebten 1989 noch 17 000 Menschen, heute zählt sie nur 12 500 Einwohner.

Wolgast war unter slawischer Herrschaft ein wichtiger Burgort. Ab Ende des 13. Jh. residierte hier die Wolgaster Linie der Pommernherzöge, die 1625 ausstarb. Sieben Angehörige der Familie fanden ihre letzte Ruhe in Prunksarkophagen in der Krypta der **Pfarrkirche St. Petri**, die seit dem 14. Jh. das Stadtbild beherrscht. Im Kircheninneren fällt ein Totentanz-Zyklus ins Auge, der um 1700 nach Holzschnitten von Hans Holbein d. J. entstand.

Das mittelalterliche **Rathaus** bekam nach dem Stadtbrand von 1713 eine barocke Fassade. Wissenswertes über den berühmtesten Sohn der Stadt, Philipp Otto Runge, erfährt man im **Rungehaus** (Kronwieckstr. 45, www.museum.wolgast.de, April–Okt. Di–Fr 11–18, Sa/So 11 bis 16 Uhr, sonst eingeschränkt). Der

Beschauliche Behaglichkeit ist in Wolgast zu Hause

romantische Maler wurde hier am 25. Juli 1777 als neuntes von insgesamt elf Kindern geboren. Sein Geburtshaus blieb nahezu unverändert erhalten. Obwohl die Originaleinrichtung verloren ging und auch keine Originalgemälde Runges ausgestellt werden, lohnt sich der Besuch: Runges Leben wird einfühlsam mit Hilfe von zahlreichen Zeitzeugnissen und Reproduktionen nachgezeichnet.

Das **Stadtmuseum** (Rathausplatz 6, www.museum.wolgast.de, April–Okt. Di–Fr 11–18, Sa/So 11–16 Uhr, sonst eingeschränkt) nennen die Wolgaster auch die »Kaffeemühle«. Wegen seines holländischen Daches ähnelt es von außen einer Kaffeemühle ohne Kurbel. Erbaut wurde es Mitte des 17. Jh. als Getreidespeicher. Heute kann man im ältesten noch erhaltenen Fachwerkbau der Stadt die Wolgaster Stadtgeschichte nacherleben. Besonders beliebt bei den Besuchern ist das Schulzimmer aus den 1920er-Jahren.

Im **Museumshafen** an der Peene zwischen Fischmarkt und Schlossinsel kann man das älteste Eisenbahndampffährschiff der Welt, die »Stralsund« bewundern (www.museum.wolgast.de, Juni–Aug. Di–Fr 11–18, Sa/So 11–16 Uhr). Die 1890 erbaute Fähre war noch bis 1990 im Einsatz.

## Info

### Wolgast-Information

▌ Rathausplatz 10
▌ 17438 Wolgast
▌ Tel. 038 36/60 01 18
▌ www.wolgast.de

# Der Norden der Insel

## *Peenemünde 2

Am nordwestlichen Zipfel der Insel liegt der lange geheimnisumwitterte Ort Peenemünde (270 Einw.), von dem aus die erste Rakete der Welt ins All startete. 1936 richteten die Nazis hier eine Heeresversuchsanstalt ein und erklärten fast die Hälfte Usedoms zur Sperrzone; die Bewohner des alten Dorfs siedelte man um. Unter wissenschaftlicher Leitung des Physikers Wernher von Braun wurde an der Entwicklung automatisch gesteuerter Flüssigkeitsgroßraketen gearbeitet. Im Oktober 1942 hob die erste Großrakete von Peenemünde ab. Kurz darauf brachten die berüchtigten V-Waffen Tod und Verderben über London und Südengland.

Zeitweilig arbeiteten 15 000 Menschen hier: Wissenschaftler und Militärs, aber auch Zwangsarbeiter und KZ-Häftlinge, die als Geheimnisträger todgeweiht waren. Dass in der Heeresversuchsanstalt Raketen produziert wurden, entging auch den Alliierten nicht. 1943 flogen sie deswegen einen massiven Bombenangriff auf Peenemünde, doch trafen sie nicht die Fabrikhallen, sondern die Wohnstätten – vor allem die Lager der Zwangsarbeiter. Insgesamt starben bei dem Angriff fast 800 Menschen, weit mehr als 500 davon Zwangsarbeiter. Obwohl die Raketenfabrik unversehrt blieb, fürchteten die Nazis einen erneuten Angriff der Alliierten und verlegten die Produktion in den Harz unter die Erde.

Nach dem Krieg sprengte die sowjetische Armee sämtliche Gebäude der Heeresversuchsanlage. Einzig die Ruine der Sauerstofffabrik und das Kraftwerksgebäude blieben erhalten. Auch nach dem Krieg blieb Peenemünde ein Ort des Militärs – und deswegen isoliert. Im Hafen war ein Flottenverband der Nationalen Volksarmee stationiert.

Im ehemaligen Kohlekraftwerk der Heeresversuchsanstalt ist heute das **Historisch-Technische Informationszentrum** (Tel. 03 83 71/50 50, April–Sept. tgl. 10–18, Okt.–März tgl. 10–16 Uhr, Nov.–März Mo geschl., www.peenemuende.de) untergebracht. In der Ausstellung wird sowohl auf die Technik der V1- und V2-Raketen eingegangen, als auch auf die politischen Hintergründe. Rund um das Historisch-Technische Informationszentrum ist nun eine Museumsmeile entstanden, mit dem Experimetiermuseum **Phänomenta** (Museumsstraße 12, Tel. 03 83 71/2 60 66, Mitte März–Okt. und in den Weihnachts- und Winterferien im Februar tgl. 10–18 Uhr, www.phaenomenta-peenemuende.de) und einem **Spielzeugsmuseum** (Museumsstr. 14, Tel. 03 83 71/ 2 56 56, Mai–Sept. tgl. 10–18 Uhr, Nov.–April bis 16 Uhr).

Außerdem kann das 1961 erbaute sowjetische **U-Boot U-461** im Peenemünder Hafen besichtigt werden. Das mit über 4100 Tonnen zum Bauzeitpunkt größte U-Boot der Welt war einst auf Patrouillenfahrten im Nordatlantik unterwegs. Die Besatzung musste sich größtenteils in gebückter Haltung durch die engen Gänge des U-Boots zwängen – wie heute die Besucher (Haupthafen, Tel. 03 83 71/285 65, Juli–Mitte Sept. tgl. 9–20, Mai/Juni und Mitte Sept.–Mitte Okt. 10–18, sonst bis 16 Uhr, www.u-461.de).

## Ausflug auf die Greifswalder Oie

Die 54 ha große Insel in der Pommerschen Bucht mit dem markanten Leuchtfeuer liegt 12 km vor Usedom. Das Eiland, das die Peenemünder in den 1940er-Jahren für Raketenstarts nutzten und auf dem später DDR-Grenzsoldaten stationiert waren, ist eine wichtige Rast- und Brutstätte für Vögel, darunter Ufer- und Mehlschwalben. Auch Haubentaucher, Eisenten, Lachmöwen und Höckerschwäne sind zu beobachten. Außerdem gedeiht zwischen Buchen und Weißdorn die seltene Orchideenart Manns Knabenkraut. Da der Zutritt ins Naturschutzgebiet auf maximal 50 Besucher am Tag begrenzt ist, ist eine Reservierung unbedingt nötig. Die Überfahrt im Ausflugsschiff von Peenemünde aus dauert 90 Min., dann hat man 2 Std., um sich im **Informationszentrum Jordsand** Flora und Fauna erklären zu lassen und vom Hafen im Süden zum Leuchtturm im Norden zu wandern (Apollo Fahrgastreederei, Hafen Peenemünde, Tel. 03 83 71/2 08 29, www.schifffahrt-usedom.de, Mai bis Okt.).

## Karlshagen **3**

Der Strandabschnitt des Seebads (3100 Einw.) in Usedoms nördlichs-

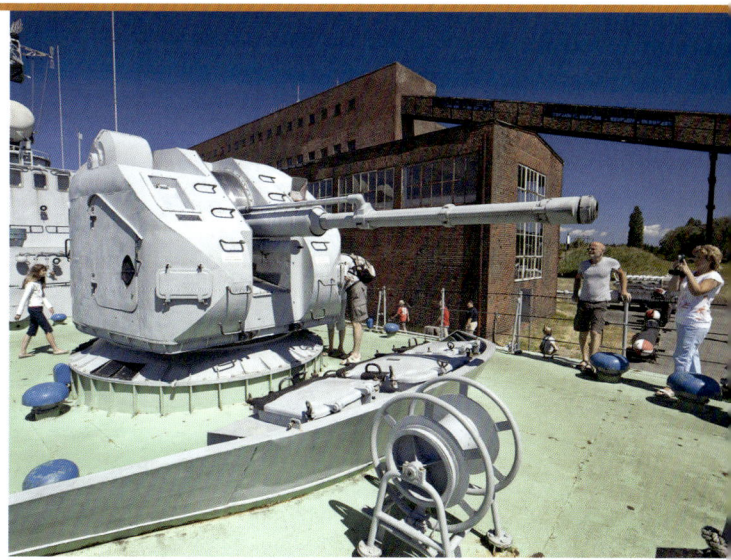
Schweres Geschütz im Peenemünder Historisch-Technischen Informationszentrum

tem Baderevier gehört zu den ruhigsten auf der ganzen Insel. Am nördlichen Ortsrand stehen Überreste einer für Wissenschaftler in den 1930er-Jahren erbauten Wohnsiedlung, am südlichen Ortsausgang erinnert eine Gedenkstätte an das Arbeitslager Trassenmoor, das im Krieg eine Außenstelle des KZ Ravensbrück war.

### Info

**Touristeninformation Karlshagen**
- Hauptstr. 4 | 17749 Karlshagen
- Tel. 03 83 71/ 5 54 90
- www.karlshagen.de

### Camping

**Dünencamp Karlshagen**
340 Stellplätze im Kiefernwald direkt am Ostseestrand; ganzjährig geöffnet.
- Tel. 03 83 71/202 91
- www.karlshagen.de

## Trassenheide 4

Der Ort wurde zwar 1823 gegründet, aber durch Bomben der Alliierten 1943 völlig zerstört. Der heute knapp 1000 Einwohner zählende Ort ist bei Familien beliebt, die hier einen langen Sandstrand abseits des großen Rummels vorfinden. Der Zoo **Wildlife Usedom** (Wiesenweg 2, Tel. 03 83 71/5 57 61, www.wildlife-usedom.de, Mai–Okt. tgl. 9.30–18.30 Uhr) und die **Schmetterlingsfarm Trassenheide** (Wiesenweg 5, Tel. 03 83 71/282 18, www.schmetterlingsfarm.de, März–Okt. tgl. 10–19, sonst bis 17 Uhr) sind ideal für einen Ausflug mit Kindern.

### Info

**Kurverwaltung Trassenheide**
- Strandstr. 36 | 17449 Trassenheide
- Tel. 03 83 71/209 28
- www.trassenheide.de

# Die Inselmitte

## Zinnowitz 5

Obwohl Zinnowitz (3700 Ew.) früher eher als Urlaubsort des Mittelstandes bekannt war, machten hier auch viele Berühmtheiten Urlaub. Anfang des 20. Jh. war die Schriftstellerin Hedwig Courts-Mahler, die damals mit ihren Herz-und-Schmerz-Romanen der Star der Unterhaltungsliteratur war, mehrere Jahre nacheinander in Zinnowitz zu Gast. Und in den dreißiger Jahren zog Hans Albers die Blicke der Damen und Zarah Leander die der Herren auf sich. Zu DDR-Zeiten war das größte Seebad in der Inselmitte fest in der Hand der »Sowjetisch-Deutschen Aktiengesellschaft Wismut«, die ein klotziges Hotel mit Hallenbad und ein Kulturhaus errichten ließ. Die meisten der Pensionen und Villen erstrahlen heute wieder im alten Glanz. Vor der Strandpromenade dient eine neue Seebrücke als Flaniermeile, die alte wurde 1942 bei Eisgang zerstört. Von der Seebrücke kann man sogar abtauchen. Mit einer **Tauchgondel** (www.tauchgondel.de, Juni–Aug. 10–21, April/Mai, Sept./Okt. 10–19, Nov.–März 11–16 Uhr, außerhalb der Schulferien Mo/Di geschl.) geht es in 3,5 m Tiefe hinab. Bei klarer Sicht sieht man in einem Umkreis von bis sechs Metern manchmal Quallen und Fische. Meistens aber ist die Sicht so schlecht, dass man überhaupt nichts erkennen kann. Doch auch wenn draußen das Wasser milchig trüb oder sandig braun ist, lohnt sich die Fahrt: Ein halbstündiger 3-D-Film zeigt die Unterwasserwelt und der Guide erzählt launig über die Tiere der Ostsee. Und für Kinder ist es ohnehin einfach ein Erlebnis, mal auf Tauchgang zu gehen.

## Info

### Kurverwaltung Zinnowitz
∎ Neue Strandstr. 30 | 17454 Zinnowitz
∎ Tel. 03 83 77/49 20
∎ www.zinnowitz.de

## Hotels

### Hotel Asgard ●●–●●●
Rekonstruiertes Jugendstilgebäude direkt am Meer, 34 Zimmer und 50 Appartements. Vielfältiges Wellnessangebot. Aus der Sinatra Bar im 4. Stock genießt man den perfekten Meerblick.
∎ Dünenstr. 20
∎ Tel. 03 83 77/46 70
∎ www.hotelasgard.de

### Hotel und Restaurant Dünenschloss ●●
3-Sterne-Hotel in einer Jungendstilvilla; Zimmer im modernen Landhausstil. Mit der leuchtend gelben Fassade und dem Türmchen wirkt das Hotel tatsächlich wie ein Schlösschen. Extrem günstige Angebote in der Nebensaison.
∎ Neue Strandstr. 27
∎ Tel. 03 83 77/790
∎ www.hotel-duenenschloss.de

### Palace Hotel ●●●
Luxushotel in unmittelbarer Strandnähe. Großzügige Badelandschaft mit Swimmingpool, Whirlpool, Sauna, Dampfbad.
∎ Dünenstraße 38
∎ Tel. 03 83 77/39 60
∎ www.usedom-palace.de

Der Maler Otto Niemeyer-Holstein lebte und arbeitete auf Usedom

## *Lüttenort 6

Zwischen Koserow und Zempin, an der schmalsten Stelle der Insel zwischen Achterwasser und Meer, wartet ein Museum der besonderen Art auf Besucher. Lüttenort war einst das Anwesen des Malers Otto Niemeyer-Holstein (1896–1984), der dort mehr als 50 Jahre lebte, und ist heute Gedenkstätte und Kulturtreff. Niemeyer hatte in Ascona zu den Gründungsmitgliedern der Künstlergruppe »Der große Bär« gehört, zu der der u.a. Otto van Rees, Richard Seewald und Marianne von Werefkin zählten. Nach der Machtergreifung der Nationalsozialisten wurden seine Bilder aus allen deutschen Museen entfernt. Doch nicht nur seine Werke missfielen den braunen Machthabern, sondern auch die Tatsache, dass Niemeyer-Holstein mit einer Halbjüdin verheiratet war. 1933 zog sich das Ehepaar deswegen ins selbstgewählte Exil nach Usedom zurück, wo sich die beiden zunächst in einem alten S-Bahn-Waggon einrichteten. Erst später bauten sie Wohnhaus und Atelier, wobei der Waggon ins Haus integriert wurde. Man kann ihn noch heute besichtigen.

### Info

**Atelier Otto-Niemeyer-Holstein**
- Tel. 03 83 75/202 13
- www.atelier-otto-niemeyer-holstein.de
- Galerie und Garten Mitte April–Mitte Okt. tgl. 10–18, sonst Mi/Do, Sa/So 10–16 Uhr, Wohnhaus und Atelier nur mit Führung Mitte April–Mitte Okt. tgl. 11, 12, 14, 15 Uhr, sonst 11, 12 und 14 Uhr.

## Koserow 🗷

Auch der kleine, landschaftlich reizvoll gelegene Badeort Koserow (1700 Einw.) ist vom Seebrückenfieber erfasst. Ein schmaler **Landungssteg** ragt in die Ostsee. Die unter Denkmalschutz stehenden reetgedeckten **Salzhütten**, in denen früher die Heringe in Salzlake eingelegt wurden, beherbergen nun ein rustikales Restaurant.

Der 60 m hohe **Streckelsberg**, auf dem sich im 14. Jh. angeblich Klaus Störtebeker versteckt haben soll, ist von Buchenwald bewachsen, der unter Naturschutz steht. Vor der Steilküste liegt ein Riff im Meer. Liebhaber von Sagen und Mythen finden hier einen der Orte, an dem das sagenumwobene Vineta untergegangen sein soll.

Das aus Schweden stammende Kruzifix aus dem 15. Jahrhundert, das in der **Dorfkirche** von Koserow (13. Jh.) hängt, wurde der Legende nach von einheimischen Fischern aus dem Meer geborgen und seither mit Vineta in Verbindung gebracht. Nicht nur Koserow kokettiert mit dem Ostsee-Atlantis, auch Barth und das polnische Wollin beanspruchen eine Patenschaft für die reiche Handelsstadt, die für den Hochmut ihrer Bürger mit dem Untergang bestraft wurde.

### Info

**Tourist-Information**
▪ Hauptstr. 31 | 17459 Koserow
▪ Tel. 03 83 75/2 04 15
▪ www.seebad-koserow.de

### Hotels

**Waldschloss Parow** ●—●●
In der Bädervilla, die wie ein verwinkeltes Schlösschen aussieht, kann man Zimmer mieten oder einen Bungalow in der zum Haus gehörenden Anlage. Aus-

Schmucke Bäderarchitektur im Kaiserbad Bansin: das Romantik-Hotel Atlantik

gezeichnete Lage am Waldrand und in Meeresnähe, außerdem nur wenige Schritte vom Streckelsberg entfernt.

- Förster-Schrödter-Straße 39
- Tel. 03 83 75/202 48
- www.waldschloss-parow.de

### Königlich Preußische Dünenmeisterei ●

In der 1908 erbauten ehemaligen königlich-preußischen Dünenmeisterei sind nun Ferienwohnungen untergebracht.

- Am Strande 1
- Tel. 03 83 75/23 70
- www.duenenmeisterei.de

### Restaurant

#### Koserower Salzhütte ●●

**Erst-klassig** Zu den Spezialitäten des rustikalen Fischlokals zählen Räucherfisch und fangfrischer Steinbutt mit Bratkartoffeln.

- Seebrücke
- Tel. 03 83 75/2 06 08
- www.koserower-salzhuette.de

# Der Süden der Insel

## Die Kaiserbäder

Mit dem klangvollen Namen **Drei Kaiserbäder** (9300 Einw.) knüpfen die ehemaligen Fischerorte Ahlbeck, Heringsdorf und Bansin an ihre blühende Vergangenheit im 19. Jh. an, als in diesen drei Seebädern genauso wie im heute polnischen Ostseebad Swinemünde die deutsche Kaiserfamilie regelmäßig zu Gast war.

### Bansin **8**

Die Usedomer Bäderwelt wurde 1897 komplettiert, als das Fischerdörfchen Bansin, das erstmals im 13. Jh. urkundlich erwähnt wurde, zur Riege der Ostseebäder hinzustieß. Der von drei romantischen kleinen Seen gerahmte Ort avancierte erst mit der Gründung einer Aktiengesellschaft zum Bad. Danach ging aber alles schnell, wie man an den vielen eleganten Häusern heute noch erkennen kann. In der Bergstraße und der Seestraße stehen die vornehmsten **Villen im Bäderstil**. Besonderes beachtenswert sind das kolossale Gebäude des Hotels »Zur Post« in der Seestraße 5 und die »Villa Astrid« in der Bergstraße 23.

Aus Bansin stammt der Schriftsteller Hans Werner Richter (1908–1993), Initiator der »Gruppe 47«. Im **Hans-Werner-Richter-Haus**, dem früheren Bansiner Feuerwehrhaus, widmet sich eine Ausstellung seinem Schaffen. Das originale Arbeitszimmer wurde nachgebaut (Waldstr. 1, Tel. 03 83 78/4 78 01, Mai–Sept. Di–So 10–12 und 14–18, Okt.–April Di–So 12–16 Uhr).

**BUCH-TIPP: Hans Werner Richter, Geschichten aus Bansin, Berlin 2008 (Wagenbach). Den Erzählband widmete der Autor seinem Heimatort.**

### Info

#### Tourist-Information

- An der Seebrücke | 17429 Bansin
- Tel.03 83 78/470 50
- www.drei-kaiserbaeder.de

### Hotels

#### Hotel zur Post ●●−●●●

Das traditionsreiche Hotel hat sich vor allem wegen seiner vielfältigen Wellnessanwendungen einen guten Namen gemacht.

- Seestraße 5
- Tel. 03 83 78/ 5 60
- www.hzp-usedom.de

**Strandhotel Atlantic** ●●●

Das kleine Luxushotel liegt direkt an der Strandpromenade in einer um die Wende zum 20.Jh. erbauten Bädervilla. Zum Hotel gehören auch die Ferienwohnungen in der Villa Sommerfreude in der Bergstraße 21.

- Strandpromenade 18
- Tel. 03 83 78/605
- www.seetel.de

**\*\*Heringsdorf** 🟨

Ein wunderbar breiter Sandstrand verbindet die Seebäder Ahlbeck und Heringsdorf miteinander. Früher lagen Welten zwischen den beiden Orten. Heringsdorf war das vornehmste Seebad auf Usedom, auch die kaiserliche Familie residierte hier im Sommer. In ihrem Schlepptau kamen Finanzmagnaten und Vertreter der Aristokratie. Die eleganten Villen und Pensionen wurden in parkähnlichen Gärten versteckt.

Die prächtige **Seebrücke** eröffnete 1893, aber die Holzkonstruktion fiel im Winter 1946 zu großen Teilen dem Lagerfeuer eines Sowjetsoldaten sowie 1958 einer Brandstiftung zum Opfer. Die neu errichtete Seebrücke steht mit Läden, Restaurants, Ferienwohnungen sowie einem Schiffsanleger der alten jedoch in nichts nach. Sie ist über 500 m lang und wird an ihrem Ende von einer gläsernen Pyramide geziert.

Der traditionsreiche Badeort mit den drei Heringen im Wappen ist ganz auf Touristen eingestellt: Für Kurzweil über die strandvergnügungen hinaus sorgen Rundflüge, ein Kunstpavillon und die Sternwarte »Manfred von Ardenne« (Strandpromenade 5, Tel. 03 83 78/ 47 16 50, Führung abends laut Aushang, www.sternwarte-usedom.de).

Die größten Sehenswürdigkeiten des Ortes sind aber die prunkvollen Villen im Stil der **Bäderarchitektur** Ende des 19. Jh. Bemerkenswert ist die **Villa Oechsler** (Delbrückstraße 5), die ein jüdischer Bankier 1883 im klassizistischen Stil errichten ließ. In der 1873 erbauten **Villa Staudt** (Delbrückstr. 6) war Kaiser Wilhelm II. des Öfteren zu Besuch bei der verwitweten Kommerzienrätin Staudt. Nur wenige Schritte weiter in der **Villa Oppenheim** (Delbrückstraße 10, erbaut 1883) verbrachte der amerikanische Maler Lyonel Feininger die Sommermonate zwischen 1909 und 1912. Damals wählte er die Villa als Motiv für viele seiner Zeichnungen. Zu DDR-Zeiten stand die Villa Stasichef Erich Mielke als Urlaubsresidenz zur Verfügung. In unmittelbarer Nähe befindet sich zudem die neobarocke **Residenz Bleichröder** (Delbrückstraße 14), die in ihrer Vergangenheit so unterschiedliche Übernachtungsgäste wie den NS-Reichsluftfahrtminister Hermann Göring oder den FDGB-Chef Harry Tisch beherbergte. Weitere sehenswerte Villen stehen entlang der Kulm-, Bülow-, Friedens- und Maxim-Gorki-Straße.

Am Strand von Heringsdorf: Sonne, Sand und Meer, so weit das Auge reicht

## Info

### Tourist-Information
▮ Kulmstr. 33 | 17424 Heringsdorf
▮ Tel. 03 83 78/24 51
▮ www.drei-kaiserbaeder.de

## Hotels

### An der Boje ●●
In Strandnähe gelegenes, familiäres Haus mit gemütlichen Zimmern.
▮ Kulmstr. 6
▮ Tel. 03 83 78/26 40
▮ www.hotel-an-der-boje.de

### Strandhotel Ostseeblick ●●●
Im Ostseeblick ist der Name Programm. Hoch über dem Meer thront das Luxushotel und bietet von der Freiterrasse einen weiten Blick über die Wellen. Die Zimmer sind geräumig und hell. Der großzügige Wellnessbereich des Hauses lockt mit Sauna und Schwimmbad. Wer in einer Ferienwohnung übernachten, aber trotzdem den Luxus eines Hotels genießen will, mietet sich einfach in der zum Hotel gehörenden Villa Usedom ein.

- Kulmstraße 28
- Tel. 03 83 78/5 42 98
- www.strandhotel-ostseeblick.de

**Residenz Bleichröder ●●●**
Die Villa, die 1890 im Auftrag des Finanzberaters von Reichskanzler Otto von Bismarck im neobarocken Stil erbaut wurde, bietet heute luxuriös ausgestattete Zimmer und Suiten sowie einen parkähnlichen Garten, nur wenige Schritte vom Strand entfernt.

- Delbrückstraße 14
- Tel. 03 83 78 /36 20
- www.residenz-bleichroeder.com

**JH Heringsdorf**
Absolute Luxuslage für wenig Geld. Direkt an der Promenade und unmittelbar neben einem 5-Sterne-Hotel liegt die Jugendherberge in einer Villa im englischen Landhausstil.

- Puschkinstr. 7–9
- Tel. 03 83 78/ 223 25
- http://heringsdorf. jugendherbergen-mv.de

### Restaurants

**Restaurant Rossini ●●●**
Im Rossini des noblen Hotel Oasis sitzt man im wunderschönen Jugendstil-Ambiente bei Spezialitäten wie Ostseesteinbutt nach vorpommerscher Art oder Lamm im Lauchbett.

- Puschkinstr. 10 | Tel. 03 83 78/26 50
- www.villa-oasis.de

**Café Des Kaisers Pavillon ●●**
Wer sich bei Kaffeehausmusik erholen möchte, findet dazu im 1911 gegründeten Café eine gute Gelegenheit.

- Brunnenstr. 1
- Tel. 03 83 78/227 45

**Wehrmanns Alt Heringsdorf ●●**
Gemütliches Restaurant mit ausgezeichneter Küche. Auf der Fischkarte überzeugen der kross gebackene Zander, der Barsch mit Kräuterpesto und die Dorade bei Preisen um 15 Euro.

- Kulmstraße 7a
- Tel. 03 83 78/5 42 01

## Ahlbeck 🔟

Das traditionsreiche Familienbad hat sich seit der Wiedervereinigung ordentlich herausgeputzt, um an seine große Vergangenheit anzuschließen. Tatsächlich lassen etliche Beispiele der klassischen Bäderarchitektur mit Erkern und Türmchen, großen Wintergärten und verspielten Balkonen den Charme der Zeit um 1900 lebendig werden.

Wahrzeichen des Ortes ist der mit vier Ecktürmen verzierte Pavillon auf der 280 m langen **Seebrücke**, die 1898 erbaut wurde und damit die älteste noch erhaltene Seebrücke an der Ostsee ist. Auf dem Seebrückenplatz davor zieht eine Jugendstiluhr alle Blicke auf sich. Dieses historische Ensemble wird durch einen Konzertpavillon (1900) westlich der Brücke ergänzt, in dem zu Kurkonzerten aufgespielt wird.

Die Dünenstraße ist die Prachtmeile Ahlbecks. Hier und in der benachbarten Seestraße stehen die meisten der traumhaften Villen im Stil der Bäderarchitektur.

### Info

**Tourist-Information**

- Dünenstr. 45 | 17419 Ahlbeck
- Tel. 03 83 78/49 93 50
- www.drei-kaiserbaeder.de

## Hotels

### Seehotel Ahlbecker Hof ●●●

Direkt an der Seebrücke schläft man hier in einem aufwendig restaurierten Bau im Stil der Bäderarchitektur. Große, komfortable Zimmer und Suiten (Unbedingt nach Seeblick fragen!); luxuriöser Wellnessbereich mit Pool und Sauna. Im ersten Haus am Platze übernachteten unter anderem schon Kaiser Franz Joseph von Österreich und Königin Silvia von Schweden.

▪ Dünenstr. 47 | Tel. 03 83 78/620
▪ www.seetel.de

### Villa Auguste Viktoria ●●●

Eines der exklusivsten Hotels am Ort, vermittelt das Flair vergangener Zeiten. Die Jugendstilvilla wurde um 1900 für Kaiserin Auguste Viktoria errichtet. Zum Haus gehört auch die wohl beste Konditorei Ahlbecks.

▪ Bismarckstr. 1 | Tel. 03 83 78/24 10
▪ www.auguste-viktoria.de

### Pension Will ●●

Moderne Familienpension mit großen, hellen Zimmern nur wenige Schritte vom Haltepunkt »Ahlbeck Therme« der Usedomer Bäderbahn entfernt. Freundlicher und hilfsbereiter Service.

▪ Gothenweg 14d
▪ Tel. 03 83 78/ 80 99 55
▪ www.pension-will.com

## Ausflüge nach Polen

Von der Seebrücke in Ahlbeck kann man bereits Świnoujście (Swinemünde) im Osten sehen. Der heute zu Polen gehörende Badeort galt früher als Usedoms führendes Kaiserbad. Seit Ende 2007 gibt es am Grenzübergang zwischen Deutschland und Polen keine Kontrollen

Das Seehotel Ahlbecker Hof steht für die Gastfreundlichkeit der Usedomer

mehr und auch die Bäderbahn fährt inzwischen bis nach Świnoujście. Außerdem legen von der Seebrücke während der Saison regelmäßg Ausflugsschiffe nach Polen ab. Doch nichts ist schöner, als auf der 12 km langen Strandpromenade, die 2011 fertiggestellt wurde, von Bansin bis nach Świnoujście am Wasser längs zu flanieren oder ungestört vom Autoverkehr an der Küste entlang zu radeln.

## Zum Wolgastsee

Im Süden Ahlbecks kann man am ruhigen Wolgastsee mit einem gemieteten Ruderboot hinausfahren, von der kleinen Badestelle aus losschwimmen oder auf dem gut aus-

Beliebtes Motiv: Benzer Mühle

geschilderten Wanderweg die 4 km um den See spazieren. Oder man kehrt einfach in der Ausflugsgaststätte »Idyll am Wolgastsee« auf ein Bier und einen kleinen Imbiss ein.

## Zum Golm

In der Nähe der Ortschaft Kamminke liegt, nur wenige Meter von der polnischen Grenze entfernt, der Golm. Mit 69 m ist der Hügel die höchste Erhebung Usedoms. Heute erinnert hier eine Gedenkstätte an die Opfer eines amerikanischen Bombenangriffes, bei dem am 12. März 1945 mehr als 20 000 Menschen in Swinemünde ums Leben kamen.

## Benz 11

Die Ortschaft Benz (600 Einw.) liegt inmitten des Hügellandes der Usedomer Schweiz am Ufer des Schmollensees. Wegen seiner naturschönen Lage ist der Ort ein beliebtes Ausflugsziel und zog auch immer wieder Künstler an. Lyonel Feininger malte hier, Otto Niemeyer-Holstein kaufte sogar die Mühle (Mühlenberg, www.muehle-benz.de, April–Okt. Di–So 10–17 Uhr) und liegt auf dem Friedhof des Ortes begraben. Heute besuchen Kunstfreunde das **Kunst-Kabinett Usedom** (Kirchstraße 14 a) unmittelbar neben der Kirche. Die **St. Petri-Kirche** wurde erstmals 1229 erwähnt und gehört damit zu den ältesten Gotteshäusern auf der Insel. Ihr heutiges Aussehen geht allerdings auf das 16. Jh. zurück. Bekannt ist die Kirche wegen ihrer Kassettendecke, die einen Sternenhimmel in den Farben Gold, Weiß und Blau zeigt.

## Mellenthin 12

Die Ortschaft Mellenthin wird von Tagesbesuchern vor allem wegen ihrer sehenswerten Kirche und ihres Wasserschlosses aus dem 16.Jh. besucht.

Die **Mellenthiner Kirche** liegt gut versteckt hinter mächtigen Eichen. Sie wurde im frühen 14. Jahrhundert erbaut und ist damit das zweitälteste Gotteshaus der Insel. Aus der Entstehungszeit stammen aber nur noch der Chor und die Sakristei. Das Langhaus und der Turm wurden im 15. Jh. angefügt. Bei Restaurierungsarbeiten im Jahr 1930 wurden mittelalterliche Fresken freigelegt. Das 1580 fertiggestellte **Mellenthiner Schloss** zählt zu den bedeutendsten Profanbauten aus der Renaissance in Norddeutschland. Zu DDR-Zeiten war im Schloss der Kindergarten einer LPG untergebracht, nach jahrelangen Renovierungsarbeiten sind im Schloss heute ein Restaurant und ein Hotel angesiedelt. Auch die Kirche im benachbarten **Morgenitz**, erbaut im 15. Jahrhundert, lohnt einen Abstecher. Beachtenswert sind Kanzel, Chor und Altargestühl, die allesamt mit bäuerlichen Motiven geschmückt sind. Im **Wisentgehege der Insel Usedom**, in Prätenow bei Dargen, kann man das größte Säugetier Europas beobachten. Die ersten Zuchttiere waren ein Geschenk des polnischen Umweltministeriums (Heideweg 1, 17419 Prätenow, www.wisentgehege-usedom.de, Os-

tern–Okt. tgl. 10–17, sonst 10 bis 15.30 Uhr).

### Hotel

**Wasserschloss Mellenthin** ●●●
Café, Restaurant, Hotel. Mehrmals in der Woche Livemusik mit Gauklern und ein mittelalterliches Ritterbuffet.
- Dorfstraße 25
- Tel. 03 83 79/287 80
- www.wasserschloss-mellenthin.de

### Aktivitäten

Jeden Sommer im Juli und August wird ein großes Sonnenblumenfeld bei Mellenthin zum **Irrgarten** umfunktioniert. Die Route ist jedes Jahr eine andere und zwischen ein und zwei Kilometern lang.

## Der *Lieper Winkel 13

Im Südosten der Insel Usedom lohnt ein Ausflug zum Lieper Winkel. Der slawische Name »Liepe« bedeutet »Lindenort«, wobei heute auf der Halbinsel die Linden weitgehend fehlen. Dafür stolzieren Störche über die Felder und ganze Graureiherkolonien machen sich auf den Wiesen breit. Achterwasser und Peenestrom lassen den Landstrich mit seinen Buchten zur amphibischen Welt werden.

**Liepe** und **Rankwitz** trumpfen mit reetgedeckten Fischerhäuschen auf. Die Dorfkirche St. Johannes in Liepe, erstmals im Jahr 1216 erwähnt, überrascht mit Wandmalereien aus dem 16. Jh.

Von Rankwitz lässt sich der ganze Lieper Winkel auf einem 15 km langen Radweg umrunden. So entdecken Radfahrer die wohl ruhigsten Flecken.

Ein ruhiges Plätzchen auf Erden und auf Usedom: der Lieper Winkel

## Usedom 14

Der alte Marktflecken (1900 Einw.) gab der Insel den Namen. In dem verschlafenen Städtchen weist noch manches auf bessere Tage hin. Reste der Stadtmauer lassen erahnen, dass es einmal etwas zu verteidigen gab. Von drei Stadttoren steht noch das um 1450 errichtete **Anklamer Tor** mit seiner spitzbogigen Durchfahrt. Im Laufe der Jahrhunderte diente es u.a. auch als Gefängnis, heute beherbergt es die Heimatstube, ein kleines Museum das Ausstellungsstücke zum lokalen Handwerk und der Geschichte des Ortes zeigt (April–Aug. tgl. 11–15 Uhr). Die spätgotische Kirche **St. Marien** (15. Jh.) beherrscht die Stadtsilhouette und fungiert als Orientierungsmarke im Südwesten der Insel. Ein ca. 3 m hohes Granitkreuz auf dem slawischen Burgwall erinnert an Bischof Otto von Bamberg, der hier im 12. Jh. missionierte.

### Info

**Stadtinformation**
- Bäderstr. 5 | 17406 Usedom
- Tel. 03 83 72/708 90
- www.stadtinfo-usedom.de

## Ausflüge
### Hubbrücke von Karnin 15

Mitten im Peenestrom stehen die Überreste der gesprengten Betonpfeiler und das 33 m hohe Gerüst der einst modernsten Eisenbahnhubbrücke der Welt. Sie war 1934 nach zweijähriger Bauzeit in Karnin eröffnet und elf Jahre später von der Wehrmacht gesprengt worden, um den Vormarsch der Roten Armee aufzuhalten bzw. zu verzögern.

Die Brücke funktionierte im Prinzip wie ein Fahrstuhl, der die Gleise innerhalb von drei Minuten nach oben fuhr. Diese schnelle Geschwindigkeit war auch nötig, denn schon 1935 passierten täglich 26 Züge die Brücke. Zunächst waren die meisten von ihnen noch mit Touristen besetzt, die in die Seebäder fuhren. Nach Kriegsbeginn wurden aber vor allem kriegswichtige Güter nach Usedom transportiert. Damals, in den 1930er-Jahren, brauchte man von Berlin eine gute Stunde weniger als heute, wo man vom Hauptbahnhof der Hauptstadt bis nach Ahlbeck weit über vier Stunden im Zug sitzt.

Nach der Wende sollten dann die Reste der Hubbrücke demontiert werden. Eine Bürgerinitiative konnte dies in letzter Minute verhindern und durchsetzen, dass das Bauwerk unter Denkmalschutz gestellt wurde. Im ehemaligen Bahnhof, der inzwischen dem Verein der Usedomer Eisenbahnfreunde gehört, ist ein kleines Infocenter untergebracht. Im einstigen Wartesaal befindet sich ein kleines Café.

# Unterwegs am Stettiner Haff

## Anklam 16

Für die meisten Gäste, die in die Kaiserbäder auf Usedom fahren, ist Anklam der letzte größere Ort auf dem Festland, den sie passieren. Bekannt ist die heute ca. 13 000 Einwohner zählende Stadt vor allem als Geburtsstadt des Luftfahrtpioniers Otto Lilienthal (1848–1896).

Erstmals urkundlich erwähnt wurde Anklam 1243 unter dem Namen Tanclim, 1264 erhielt der Ort die Stadtrechte. 1283 traten die Anklamer dann dem Städtebund der Hanse bei. Begünstigt wurde der schnelle wirtschaftliche Aufschwung durch die Lage an der schiffbaren Peene. Anklam wuchs zu einem wichtigen Handelszentrum heran und seinen Bürger wurden entsprechend wohlhabend. Allerdings musste die Stadt auch viele Rückschläge verkraften: 1377 zerstörte ein Großfeuer bis auf die Marienkirche fast die ganze Stadt. 1565 starb dann ein Drittel der damals knapp 5000 Einwohner an der Pest. Und zwischen 1618 und 1648, in der Zeit des Dreißigjährigen Krieges, war Anklam immer wieder Ort heftiger Gefechte: Die Peene, die für den wirtschaftlichen Aufschwung der Stadt verantwortlich war, war damals auch der Grund dafür, dass sie immer wieder zerstört wurde. Der Fluss war nämlich die Grenze zwischen Schweden und Preußen und die Grenzstadt Anklam wechselte mehrmals den ihren Besitzer – nicht ohne dabei regelmäßig ausgeplündert zu werden.

1937 eröffneten die Nazis hier eine Flugzeugfabrik und stationierten auf dem dortigen Flughafen eine Fliegerstaffel. Deswegen griffen alli-

Zum Abheben: das Otto-Lilienthal-Museum mit seinen faszinierenden Flugapparaten

ierte Bomber die Stadt mehrmals an und zerstörten sie zu Dreiviertel.

Der Wiederaufbau zu DDR-Zeiten trug nicht unbedingt zur Verschönerung des Stadtbildes bei, die damals geschaffenen Plattenbauten prägen noch heute das Bild der Stadt.

Trotzdem bietet die Stadt einiges Sehenswertes. Die **Stadtkirche St. Marien** (Baustraße 33, Mo–Fr 10–12 und 14–16 Uhr) stammt in ihren ältesten Teilen aus der zweiten Hälfte des 13. Jhs., der Turm wurde jedoch erst 1450 angefügt. Sehenswert sind ein frühgotischer Taufstein und das Chorgestühl, das ursprünglich aus der zerstörten Nikolaikirche stammt.

Das **Otto-Lilienthal-Museum** erinnert an Anklams berühmtesten Sohn. Es zeichnet das Leben des Flugpioniers nach und beschreibt auch ganz allgemein die Anfänge der Fliegerei. Im Museum sind viele Flugapparate Lilienthals ausgestellt  – allerdings, da die meisten nicht mehr existieren – nicht im Original, sondern in Form exakter Nachbauten (Ellbogenstraße 1, www.lilienthal-museum.de, Juni–Sept. tgl. 10–17 Uhr, Nov.–April Mo–Fr 11–15.30, So 13–15.30, Mai, Okt. Di–Fr 10–17, Sa, So 13–17 Uhr).

Im Steintor ist das **Regionalmuseum** untergebracht. Das bedeutendste Ausstellungsstück ist der Anklamer Münzschatz, der aus 2500 Münzen aus dem gesamten Ostseeraum besteht. Vom obersten Stockwerk des Turmes genießt man einen schönen Rundblick über die Dächer der Stadt und hinab auf die Peene (Schulstraße 1, Tel. 039 71/24 55 03, www.museum-im-steintor.de, Mai–Sept. Di–Fr 10–17, Sa, So 13–17, Okt.-April Mi–Fr 11–15.30, So 13–15.30 Uhr).

Anklam ist der ideale Ausgangsort für **Paddeltouren auf der Peene.**

Entweder schließt man sich geführten Touren an oder leiht sich bei der **Kanustation Anklam** ein Boot aus (Werftstraße 6, Tel. 039 71/24 28 39, www.kanustation-anklam.de). Die nahe gelegene **Burg Klempenow** (www.burg-klempenow.de) ist als Ausflugsziel beliebt. Hier befindet sich ein Kunst-, Kultur- und Veranstaltungszentrum. Außerdem ein Café und ein Kanuverleih für Touren auf der Peene.

### Info

**Anklam Information**
- Markt 3 | 17389 Anklam
- Tel. 039 71/83 51 54
- www.anklam.de

### Hotels

**Hotel und Restaurant Schwarz ●**
Familiär geführtes Hotel, guter Service. Restaurant mit regionaler Küche.
- Eckstr. 1 a
- Tel. 039 71/83 27 42
- www.hotel-schwarz.de

**Schloss Neetzow ●–●●**
Hier kann man sich beim Übernachten als Burgherr oder Burgfräulein fühlen. Dabei sind die 29 Zimmer recht schlicht ausgestattet.
- Dorfstr. 45 | 17391 Neetzow
- Tel. 03 97 21/56 60
- www.schloss-neetzow.de

**Gutshaus Stolpe ●●–●●●**
Tophotel in einem denkmalgeschützten Gutshaus. Das Restaurant ist überregional bekannt.
- Peenestr. 33 | 17931 Stolpe
- Tel. 03 97 21/ 55 00
- www.gutshaus-stolpe.de

**Arte Deposito/
Herrenhaus Libnow ●–●●**
In dem Herrenhaus aus der Mitte des 19. Jhs. kann man Gästezimmer und Appartements für zwei bis vier Personen mieten. Außerdem werden Kunstseminare und Konzerte veranstaltet. Preisermäßigungen bei längerem Aufenthalt.
- 17390 Murchin
- Tel. 039 71/ 25 93 87
- www.artedeposito.de
- www.herrenhaus-libnow.de

## Ueckermünde 🔟

Wo die Uecker ins Stettiner Haff mündet, liegt die Hafenstadt Ueckermünde (9000 Einw.). Einst hatte der 1260 zu Stadtrecht gekommene Ort einen Segelschiffhafen, und in der Werft wurden Großsegler gebaut. Mit Beginn der Dampfschifffahrt im 19. Jh. ging diese Ära zu Ende. Im Hafen liegen heute einige Ausflugsdampfer, die zu Haffrundfahrten und Ostseetouren nach Polen auslaufen. Stark frequentiert ist der neue Jachthafen mit seinen 400 Liegeplätzen und Ferienwohnungen (www.lagunen stadt-ueckermuende.de). Im Jahr 2013 wurde Ueckermünde als Seebad anerkannt.

Vom Hafen ist es nicht weit bis zum ehemaligen Jagdschloss der pommerschen Herzöge. Das 1546 von Herzog Philipp I. erbaute Schloss beherbergt das **Haffmuseum** mit einer Ausstellung zur Stadt- und Regionalgeschichte (Mai-Sept. Di–So 10–17 Uhr, sonst Di–Fr 10–15.30 Uhr). Vom Schlossturm hat man einen weiten Blick über das

Üppige Blütenpracht in Christiansberg

Ueckertal bis zum Oderhaff. Neben Fachwerkhäusern und Traufenhäusern, vor allem am großen Marktplatz, ist die barocke Pfarrkirche **St. Marien** mit einem monumentalen Rokoko-Kanzelaltar ein Schmuckstück der Stadt.

## Ausflug in die Umgebung

Der **Naturpark »Am Stettiner Haff«**, erstreckt sich im Osten bis zur Grenze von Polen. Das von hügeligen Endmoränen, Niedermooren und Mischwäldern geprägte Schutzgebiet durchzieht ein Netz von Wander- und Radwegen. In **Eggesin** lohnt das Besucherzentrum des Naturparks »Am Stettiner Haff« (Am Bahnhof 4-5, www.naturpark-am-stettiner-haff.de, Mitte Mai–Mitte Sept. Mo–Fr 9–18, Sa, So 10–16, sonst Mo–Fr 10–15 Uhr) einen kurzen Stopp.

Von Ueckermünde führt eine schöne alte Pappelallee zum Sandstrand am Stettiner Haff. Von dort kann man zu den Fischerdörfern **Mönkebude** westlich oder **Vogelsang** östlich von Ueckermünde spazieren.

In **Luckow** locken eine hübsche Fachwerkkirche (1725), die im Sommer als Galerie dient, im Ortsteil **Christiansberg** der Botanische Garten (www.botanischer-garten-christiansberg.de, tgl. 9–20 Uhr).

In **Altwarp** zieht es die meisten Urlauber zum Hafen. Beliebt sind die Fischverkäufer. Auch sind von hier aus Schiffsausflüge ins polnische Neuwarp (Nowe Warpno) bzw. nach Kamminke auf Usedom möglich (www.lütt-matten-altwarp.de). Reizvoll ist ein Abstecher zu den südlich gelegenen Altwarper Binnendünen mit herrlichen Blicken über das Haff und nach **Rieth** am Neuwarper See unmittelbar an der polnischen Grenze. Ruhesuchende Touristen finden hier Privatunterkünfte und einen Badestrand.

### Info

**Touristik Information Stettiner Haff**
- Altes Bollwerk 9 | 1737 Ueckermünde
- Tel. 03 97 71/284 84
- www.urlaub-am-stettiner-haff.de
- www.ueckermuende.de

### Hotel

**Hotel Pommernyacht** ●●
Schiffsförmiges 3-Sterne-Hotel am Hafen, Restaurant mit Fisch- und Wildspezialitäten.
- Altes Bollwerk 1 b
- Tel. 03 97 71/21 50
- www.pommernyacht.de

# Infos von A-Z

## Angeln

Mecklenburg-Vorpommern ist das Angelland Nummer 1 der Bundesrepublik mit einer Fülle von Angelrevieren aller Kategorien. Im Internet finden sich Informationen zu Anbietern, Revieren, Schonzeiten und Ähnlichem:

- www.mv-maritim.de
- www.angeln-in-mv.de

In Mecklenburg-Vorpommern werden zum Angeln zwei Dokumente benötigt – der Fischereischein und die Angelerlaubnis. Wer keinen Jahresfischereischein hat, kann sich einen Touristenfischereischein mit einer maximalen Gültigkeit von 28 Tagen ausstellen lassen, der sowohl für Küsten als auch Binnengewässer gilt. Am einfachsten ist er über die Touristenbüros und Kurverwaltungen im jeweiligen Ort erhältlich. Die Gebühr beträgt 20 Euro.

Die Angelerlaubnis kann außer in Kurverwaltungen auch in vielen Angelserviceläden erstanden werden, wobei ein gültiger Fischereischein vorgelegt werden muss. Für Binnengewässer wird die Angelerlaubnis auch durch die Eigentümer oder Pächter des Gewässers ausgestellt. Die Angelerlaubnis gibt es als Tages-, Wochen- oder Jahreskarte. Weitere Auskünfte erteilt:

- **Landesamt für Landwirtschaft, Lebensmittelsicherheit u. Fischerei**
  Thierfelderstr. 18 | 18059 Rostock
  Tel. 03 81/403 50
  www.lallf.de

## Auto

Pannenhilfe: **ADAC-Pannendienst** (rund um die Uhr): Tel. 018 02/22 22 22 (0,06 €/Anruf aus dem dt. Festnetz); in allen Mobilnetzen: Tel. 22 22 22 (max. 0,42 €/Min. aus dt. Mobilnetzen).

## Behinderte

In Mecklenburg-Vorpommern gibt es eine gute Auswahl an behindertengerechten Unterkünften. Viele Ostseebäder besitzen entsprechende Strandzugänge und abgesenkte Bordsteine.

- **Ohne Barrieren e. V.**
  Doberaner Str. 114 | 18057 Rostock
  Tel. 03 81/252 48 48
  www.ohne-barrieren-ev.de

## Dünen

Dünen dienen dem Küstenschutz. Tief ausgetretene Trampelpfade schwächen sie, was beim nächsten Sturm fatale Folgen haben kann. Beachten Sie unbedingt abgesperrte Bereiche.

## Information

Detaillierte Informationen bekommt man bei den örtlichen Touristenbüros. Für das gesamte Bundesland ist zuständig der:

- **Tourismusverband Mecklenburg-Vorpommern**
  Platz der Freundschaft 1
  18059 Rostock
  Tel. 03 81/403 05 50
  www.auf-nach-mv.de

Hier erhält man die Broschüren der regionalen Fremdenverkehrsämter:

- **Regionaler Fremdenverkehrsverband Vorpommern**
  Fischstr. 11
  17489 Greifswald
  Tel. 038 34/89 11 89
  www.vorpommern.de
- **Verband Mecklenburgischer Ostseebäder e. V.**
  Uferstr. 2
  18211 Ostseebad Nienhagen
  Tel. 03 82 03/776 10
  www.ostseeferien.de

■ **Tourismusverband Fischland-Darß-Zingst**
Barther Str. 16
18314 Löbnitz
Tel. 03 83 24/64 00
www.fischland-darss-zingst.de
■ **Tourismuszentrale Rügen**
Ringstr. 113–114
18528 Bergen
Tel. 038 38/80 77 80
www.ruegen.de

## Kurtaxe

Mecklenburg-Vorpommern ist traditionell das Land der See- und Kurbäder. Die meisten Küstenorte erheben eine Kurtaxe; die Einnahmen dienen der Erhaltung und Pflege der touristischen Infrastruktur. Der Obolus liegt bei 1 bis 3 Euro pro Tag. Die Kurtaxe wird zusätzlich zu den Übernachtungspreisen berechnet. Gäste erhalten dann eine Kurkarte, die einige Ermäßigungen bei Eintrittspreise beinhaltet. Manche Orte erheben auch eine Gebühr für Hunde. Dafür darf gekurt werden: Im Angebot sind Rehakuren, Thalassotherapien oder Kreidekuren.

## Nationalparks, Biosphärenreservate und Naturparks

■ **Nationalpark Vorpommersche Boddenlandschaft**
Im Forst 5 | 18375 Born
www.nationalpark-vorpommersche-boddenlandschaft.de
■ **Nationalpark Jasmund**
Stubbenkammer 2a | 18546 Sassnitz
www.nationalpark-jasmund.de
■ **Biosphärenreservat Südostrügen**
Circus 1 | 18581 Putbus
www.biosphaerenreservat-suedostruegen.de
■ **Naturpark Usedom**
Bäderstr. 5 | 17406 Usedom
www.naturpark-usedom.de

■ **Naturpark »Am Stettiner Haff«**
Am Bahnhof 4–5
17367 Eggesin
www.naturpark-am-stettiner-haff.de

## Strände

Über vielen Strandabschnitten Mecklenburg-Vorpommerns weht die Blaue Flagge, das EU-Gütesiegel für ausgezeichnete Wasserqualität. Aber selbst wo die Blaue Flagge fehlt, ist die Wasserqualität in der Regel völlig in Ordnung.

Häufig sind die Strände unterteilt in FKK- und Textilbereiche. Bei großen Strandkorbansammlungen, an Strandpromenaden und in der Nähe von Seebrücken hält man sich überwiegend an diese Einteilung. Weiter abseits gelten oft keine strengen Regeln.

Viele Seebäder weisen auch für Hundebesitzer eigene Strandabschnitte aus.

## Sturmwarnung

Wenn an den Rettungsstationen entlang der Küste der erste rote Korb hochgezogen wird, ist schon mal Vorsicht geboten: Für Kinder und Nichtschwimmer fällt dann der Badetag ganz aus, und selbst gute Schwimmer sollten lediglich bis zur Brusttiefe ins Wasser gehen. Wird auch der zweite rote Korb hochgezogen, müssen alle an Land bleiben.

| Urlaubskasse | |
|---|---|
| Tasse Kaffee | 1,80 € |
| Softdrink | 1,60 € |
| Glas Bier | 2,00 € |
| Fischbrötchen | 2,50 € |
| Kugel Eis | 1,00 € |
| Taxifahrt (pro km) | 1,50 € |
| Mietwagen (pro Tag) | 45,00 € |
| Kurtaxe | 2,50 € |

# Register

**Bildnachweis**
**Coverfoto:** Seebad Sellin auf Rügen © Schapowalow/SIME/Reinhard Schmid
**Fotos Umschlagrückseite:** © Fotolia/DeVice (links); Jahreszeitenverlag/GourmetPictureGuide (Mitte); Jahreszeitenverlag/Roland E. Jung (rechts)

Fotolia/Harald Adamus: 93; Fotolia/Axel Burchardt: 91; Fotolia/DeVice: 62; Fotolia/Rico K.: U2-2, 61; Fotolia/Lars Koch: 27; Fotolia/motorradcbr: U2-4, 49; Fotolia/Sven Paetzold: 25; Fotolia/Kathleen Rekowski: 5; Fotolia/Birgit Mundt Osterwiec: 81; Fotolia/Rainer Schmittchen: 101; Fotolia/travelpeter: 67; Huber Images/Sabine Lubenow: 136; Huber Images/Rainer Mirau: 84; Huber Images/Luca da Ros: 10; Huber Images/Reinhard Schmid: 16, 59, 68, 98, 107, 116, 120, 121; Jahreszeitenverlag/GourmetPictureGuide: 50, 126; Jahreszeitenverlag/Roland E. Jung: 94; laif/Clemens Zahn: 104, 134; LOOK-foto/Ulf Böttcher: 113; LOOK-foto/Hauke Dressler: 1; LOOK-foto/Engel & Gielen: 29; LOOK-foto/Thomas Grundner: 119; LOOK-foto/Tina & Horst Herzig: 35; LOOK-foto/Sabine Lubenow: 40; LOOK-foto/Pollex/Roetting: 22; mauritius images/Imagebroker: 36; mauritius images/Imagebroker/Sabine Lubenow: 125; Ozeaneum/Johannes-Maria Schlorke: 19, 20, 108; Pixelio/CvS: 45; Pixelio/Huber: 47; Schapowalow/SIME/Luca da Ros: 6; Schapowalow/SIME/Reinhard Schmid: 38; shutterstock/Baloncici: 138; shutterstock/Jerry Bouwmeester: 30; shutterstock/clearlens: 11; shutterstock/Henner Damke: 54, 73, 111; shutterstock/dciewul: U2-3; shutterstock/docstockmedia: 12; shutterstock/guentermanaus: 114; shutterstock/Axel Lauer: 82; shutterstock/RicoK: U2-1, 8, 75, 86, 99, 132; shutterstock/Jenny Sturm: 41; Störtebeker-Presse: 33; Strandhotel Dünenmeer: 79; Strandhotel Fischland: 18; Wikipedia (gemeinfrei): 31; Wikipedia/CC 3.0 An-d: 56; Wikipedia/elisabeth: 77; Wikipedia/CC 3.0 Schiwago: 71; Wikipedia/CC 3.0 Unukorno: 97; Ernst Wrba: 52, 63.

Liebe Leserin, lieber Leser,
wir freuen uns, dass Sie sich für diesen POLYGLOTT on tour entschieden haben.
Unsere Autorinnen und Autoren sind für Sie unterwegs und recherchieren sehr gründlich, damit Sie mit aktuellen und zuverlässigen Informationen auf Reisen gehen können. Dennoch lassen sich Fehler nie ganz ausschließen. Wir bitten Sie um Verständnis, dass der Verlag dafür keine Haftung übernehmen kann.

Ihre Meinung ist uns wichtig. Bitte schreiben Sie uns:
TRAVEL HOUSE MEDIA GmbH, Redaktion POLYGLOTT, Grillparzerstraße 12, 81675 München, redaktion@polyglott.de
**www.polyglott.de**

© **2014 TRAVEL HOUSE MEDIA GmbH München**
Dieses Buch wurde auf chlorfrei gebleichtem Papier gedruckt.
ISBN 978-3-8464-0643-4

Alle Rechte vorbehalten. Nachdruck, auch auszugsweise, sowie die Verbreitung durch Film, Funk, Fernsehen und Internet, durch fotomechanische Wiedergabe, Tonträger und Datenverarbeitungssysteme jeglicher Art nur mit schriftlicher Genehmigung des Verlages.

**Bei Interesse an maßgeschneiderten POLYGLOTT Produkten:**
Tel. 089/450 00 99 12
veronica.reisenegger@travel-house-media.de

**Bei Interesse an Anzeigen:**
KV Kommunalverlag GmbH & Co KG
Tel. 089/928 09 60
info@kommunal-verlag.de

**Verlagsleitung:** Michaela Lienemann
**Redaktionsleitung:** Grit Müller
**Autoren:** Christian Nowak, Rasso Knoller (Vorlage: Thomas Gebhardt, Rolf Goetz)
**Specials:** Renate Nöldeke (FKK, Strandschätze)
**Redaktion:** Renate Nöldeke
**Bildredaktion:** Ulrich Reißer
**Layoutkonzept/Titeldesign:** Gramisci Editorialdesign, München, und Ute Weber, Geretsried
**Karten und Pläne:** Gecko-Publishing GmbH, Bad Endorf
**Satz:** Tim Schulz, Mainz
**Druck und Bindung:** Firmengruppe APPL, aprinta druck, Wemding

PEFC
PEFC/04-32-0928

TRAVEL HOUSE MEDIA

*Ein Unternehmen der*
GANSKE VERLAGSGRUPPE